朝陽律師
CHAOYANG LAWYERS

法治先锋 行业典范 中国形象

律师执业
权益保障手册

李超峰　杨汉卿　高清会 主编
北京市朝阳区律师协会 编

法律出版社
LAW PRESS·CHINA

编委会主任简介

万欣

北京天霜律师事务所主任，律师，调解员，仲裁员，北京市朝阳区律师行业党委委员，北京市朝阳区律师协会副会长，中国政法大学等国内多所大学兼职教授。

主 编 简 介

李超峰

中国人民大学法学博士后，北京市海铭律师事务所主任，律师，调解员，仲裁员，北京市朝阳区律师协会律师权益保障委员会主任，中国人民大学律师学院等国内多所大学兼职教授、社会实践导师。

朝陽律師
CHAOYANG LAWYERS

主编简介

杨汉卿

毕业于吉林大学，北京广森律师事务所主任，律师，北京市朝阳区律师协会律师权益保障委员会副主任，对外经济贸易大学校外硕士导师。

高清会

北京大学法律硕士，北京市盈科律师事务所高级合伙人，北京市朝阳区律师协会律师权益保障委员会副主任。

朝陽律師
CHAOYANG LAWYERS

重担千钧　任重道远

——律师执业的安全、尊严与幸福

律师权益保障是一个永恒的话题。

律师权益保障的现状，总是不尽如人意。

如果为当事人合法权益以及社会公平正义提供救济服务的律师，自身权益也无法得到保障，损害的不单是一个律师群体的利益，更是公共的利益。

律师权益保障既是一个大概念，涉及全面依法治国，也是一个小概念，涉及律师执业权益的每一个细节；既是一个宏观概念，涉及理念、信念，也是一个微观概念，涉及具体举措的力度、深度以及广度；既是一个老概念，因为总在谈，从律师产生的那一天就在谈，也是一个新概念，因为常谈常新，常会出现新问题，老问题也经常换个面孔重新出现；既是一个普世性的概念，因为全世界的律协都以保障律师权益为自己的首要职能，也是一个中国特色的概念，因为中国的律协，面对的是具有中国特色的律师权益保障理念、方式以及特点。

律师权益保障的水平是有层级的或者说是递进的。安全、尊严与幸福，体现律师权益保障层级递进的水平或状态。

安全，是律师权益保障的底线。律师执业，首先要身披法律保护的"盔甲"，免于因为执业而受到不法追诉，只有这样才能实现律师执业的价值。从理念而言，律师执业安全应该是一种自然的状态，若破坏了这样的自然状态，就犹如环境污染般令人触目惊心；从心理而言，律师执业安全应该是一种坦然、稳定、独立的感受；从外观而言，律师执业安全应该是一种从程序到实体的法定保护，不受干预、干扰、威胁，没有后顾之忧。

尊严，是在安全基础上的一种执业权利。律师执业的商业属性，仅是其附着的属性，其根本属性是维护社会公平正义以及法律的正确实施。每个人都应该认识到这一点。为此，社会应该为律师执业，提供有尊严的执业条件以及执业环境，这是一个国家文明进步的标志。烈日炎炎下、寒风刺骨中，律师的排队会见，甚至为了排队前后顺序而大打出手,何谈尊严?

幸福,是基于执业的安全、尊严,是律师对执业发自内心的热爱。幸福是源于公众的认同,是法律保障下的感受,是在安全与尊严下衍生出来的一种愉悦、一种自豪、一种自信、一种自尊。

这种执业幸福,因为安全,而没有疑虑、顾虑;因为安全,而心底坦然,并具备确定性;因为安全,而成为公众可以信任并依靠的力量。

这种执业幸福,因为尊严,而能够激发人的内在潜能;因为尊严,而能够创造性地在法治的框架内践行法律,让法律更具有生命力;因为尊严,而能够有充分的话语权,更具有独立的专业价值。

律师权益保障,其水平、力度,总是具有三种特性。一是具有反复性,随着形势的变化发生弹性的波动,需要我们时时警醒。二是具有任意性,律师权益保障政策或规则的倡导性功能多,惩戒性功能少,在一些权力面前,就会变得不严肃,变得随意。三是具有伸缩性,对于保证律师权益的措施,落地的时候,或宽或严,或紧或松,权益保障犹如玻璃门,触不可及;犹如旋转门,擦身而过;犹如弹簧门,猝不及防。

在所有的案件中,有争议的、引起广泛关注的案件其实并不多,响应律师的意见,或者对律师的意见予以反馈以及评价,应该成为一种裁判要求。这不但促使律师能够持续加强专业性,而且使裁判在本质上,能够真正公开。裁判只有响应律师的意见,才能成为律师表达自己意见的一种必要途径。否则,不可避免地就会产生律师"死磕"的现象。我们需要理性、全面、多维地分析律师"死磕"和"死磕"律师。如果能够安全而有尊严地表达自己的观点,所表达的观点能够被尊重并予以切实、专业的回应,"死磕"的律师还有多少?

律师权益保障,本质上是对滥权的制约,是对正当程序的响应,是对实质正义的呼唤。律师权益保障,是一种基础性的权益保障,是法治社会的根基,是有生命力的法律实践的基础。没有律师权益保障,法律实施就会是一种混沌的状态。

律师权益保障,一直在路上。

律师权益保障,是北京市朝阳区律师协会第一位的职责和使命。

律师权益保障,重担千钧,千钧重担,任重道远。

北京市朝阳区律师协会会长　杨光博士
2019 年 7 月

新松恨不高千尺

时光荏苒，岁月如梭，一转眼北京市朝阳区律师协会又换届了，第三届朝阳区律师协会各工作委员会也完成了组建。换届后，根据组织安排，我也从奋战7年（第一届朝阳律协是3年，第二届朝阳律协是4年）的惩戒委战线，转战到律师执业权利保障委员会（以下简称权保委）战线了。这一转身，感触良多。

权保委和惩戒委代表着律师行业的两大最重要的功能：举旗和亮剑。这两个功能，并不是矛盾的，而是相辅相成的，如同一个硬币的两面，缺一不可。亮剑是为了更好地举旗，只有充分的亮剑，旗帜才能举得更高。举旗的同时，必须勇于亮剑，否则就失去了举旗的正当性。

从律师职业发展演变的角度来看，律师这个职业，历史悠久。从春秋战国时期，我国就有以帮人打官司为业的“讼师”，如郑国的邓析。古罗马时代的律师享有崇高的地位，常代表当事人与对方或政府进行诉讼，许多元老院议员都曾操此业，其中最著名的应属古罗马著名政治家西塞罗（Cicero）。进入近现代社会以后，律师作为法律职业的一分子，取得了长足的发展，特别是伴随着改革开放，律师制度得以重建，发展更加快速。

律师本身就肩负着维护当事人合法权益、维护法律正确实施、维护社会公平正义的职责。说到底，就是一个以维权为天职的职业。但是由于律师在刑辩业务领域更多的是私权利的维护者，辩护律师的职责是为被告人进行无罪、罪轻的辩护，这显然与肩负着侦查、起诉职能的司法机关形成某种程度的对抗。这种对抗是现代法律体系的重要组成部分，具有维护被告人合法权益、减少冤假错案的重大意义。近年来纠正的不少冤假错案，背后都有律师积极辩护的作用。但是律师得以充分发挥这种作用是建立在执业权利得到充分保障的基础上的，对律师权益的保障（以下简称权保）一方面还需要不断通过立法、修法来保障和推动，另一方面，现有法律法规对律师执业权利的保障有时候也不能得到完全的实现和保障。律师的执业权利需要维护！在这种情况下，律师协会作为行业协会，就必须把维护广大律师会员执业权利作为自己的一个重要职能，这既体现了行业协会对会员的义务，从更宏大的层面来讲，也是律师行业更好维护法律实施、维护社会公平正义的重要举措。

本届权保委从成立伊始，就励志创新，把更好地维护朝阳区律师执业权利作为一切工作的指导原则，确定了“见实效、出成果、展亮点、勇创新”十二字工作方针，把权保委锻造成为朝阳律师协会的快速反应部队，喊出“使命必达，权保永远在路上”的口号。我颇为感动，为这一腔热情，为有这样的队友。权保委组建伊始就编纂了本书，为全体朝阳区律师更好地了解权保工作提供便利，还计划编纂律师刑事业务、民事业务、行政业务中的律师权益保障系列丛书。这势必为推动律师权保事业的发展作出重要贡献！

新松恨不高千尺，律协权保委为维护律师执业权利，殚精竭虑，从不叫苦叫累，就像律师行业的“恨不高千尺”的松树，为广大律师遮风挡雨，为律师行业增光添彩，为法治建设添枝加叶。

是为序。

北京市朝阳区律师协会副会长　万　欣
2019 年 7 月

编写说明

保障律师合法权益，是律师协会维护行业有序发展的重要工作。为了全面提升朝阳区律师协会维护和保障律师执业权益工作，让全区律师和律师事务所了解和掌握申请维护律师执业权益流程，朝阳区律师协会权益保障委员会（以下简称权保委）在总结历届权保委维权工作经验的基础上，组织权保委员编写了《律师执业权益保障手册》（以下简称《手册》），该手册以图表形式，直观展示维权工作受理范围、维权程序、维权措施等，让律师和律师事务所申请维权有依据、有措施、有方案、有步骤。

《手册》有三个亮点：一是以图表的形式，直观告知律师，律师申请维权的范围、程序，让律师清晰维权工作流程；二是拟定律师申请维权和律师协会维权需要的法律文书样式，提供基础文书范本，让权保工作有传承；三是收录典型维权案件，展示律师协会维权成果及作为律师申请维权案件的借鉴和参考。同时，《手册》摘录了有关法律法规和行业规范，让维权工作有法可依。

编纂《手册》，凝聚了权益保障委员会委员的大量心血，期待各位律师、律师事务所能够规范执业，降低律师执业的法律风险，期待律师工作环境越来越好，期望律师行业发展越来越好，期盼律师执业权利保障越来越好。

北京市朝阳区律师协会律师权益保障委员会主任　李超峰

2019 年 8 月

前　言

北京市朝阳区律师协会是依法设立,由北京市朝阳区律师及律师事务所组成的社团法人,是区域性的律师行业自律性组织,受北京市朝阳区司法行政机关的领导、监督和北京市律师协会的指导,是党和政府联系律师的桥梁和纽带,依法对北京市朝阳区律师行业提供服务和实施管理。

维护律师执业权利是各地各级律师协会的重要工作,朝阳区律师协会作为基层律师协会,同样将维护律师执业权利作为本协会的重要工作,2017 年 3 月率先成立基层律师协会维护律师执业权利中心,作为维护和保障律师执业权利的日常工作机构,为维护和保障律师权益执业权利奠定坚实基础。

朝阳区律师协会设立律师权益保障委员会专门工作委员会,与维护律师执业权利中心,相互配合,协同工作,共同担负维护本区律师执业权利案件的调研、受理、调查、处理和反馈;建立健全同区司法局等有关机关维护律师执业权利的工作机制;办理北京市律师协会交办、督办的维护律师执业权利的案件;协助北京市律师协会办理外省市律师维护律师执业权利的案件;根据北京市律师协会的统一安排,开展维护律师执业权利相关工作;向北京市律师协会和本区有关部门提出完善和保障律师执业权利的意见和建议;向北京市律师协会和本区律师协会理事会总结报告律师行业维护律师执业权利工作情况;开展维护律师执业权利的其他工作等。

为维护朝阳区律师协会会员的合法权益,改善会员执业环境,保障会员依法执业,增强会员凝聚力,提升"朝阳律师"品牌建设,在第二届朝阳区律师协会权益保障委员会工作基础上,第三届朝阳区律师协会权益保障委员会组织委员编制《律师执业权益保障手册》,明确协会保障律师权益的范围、维护律师权益的程序、方法及相关规定等,保障朝阳律师在执业过程中依法行使律师权利。

《律师执业权益保障手册》编写的目的是让广大会员清楚律师协会在维护律师执业权利方面所做的工作及努力方向;让广大会员区分当事人和律师的权利,

更加明确律师协会维护和保障广大会员合法权益范围、途径、方式以及国家有关部门在维护律师执业权利方面所作出的规定、法律依据等。我们相信《律师执业权益保障手册》会给朝阳区律师协会广大会员维护执业权利带来启示与帮助。

北京市朝阳区律师协会律师权益保障委员会

2019 年 8 月

目　录

第一部分　权保实务

第二部分　权保文书

第六部分　行业规范

附录:律师协会维护执业权利中心及有关部门投诉联系方式

第一部分　权保实务

1. 权保委工作职责图

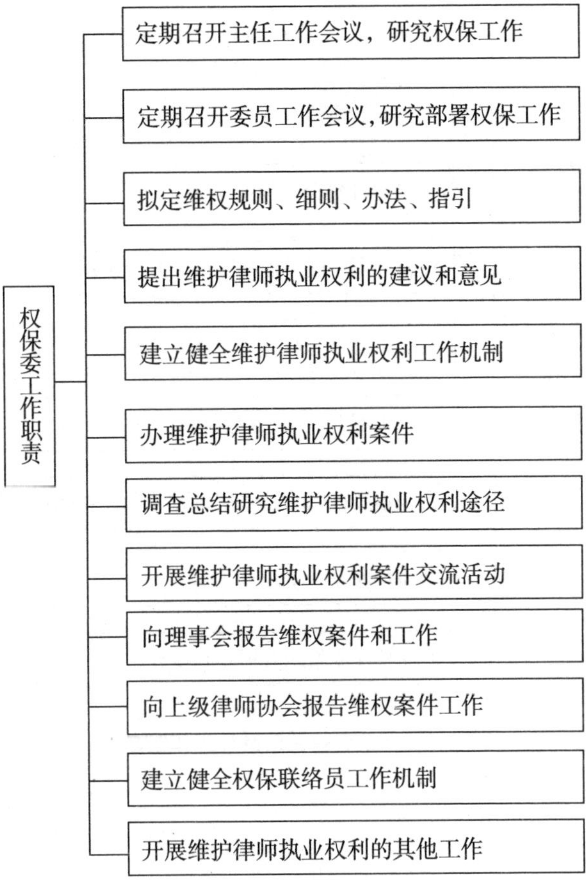

朝阳区律师协会权保委工作职责图

2. 权保联络员工作职责图

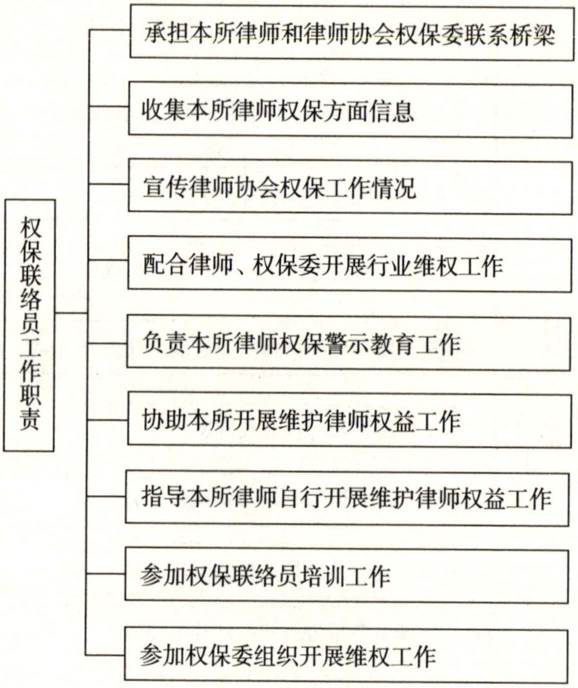

朝阳区律师协会权保联络员工作职责图

3. 权保委办理维权案件基本流程图

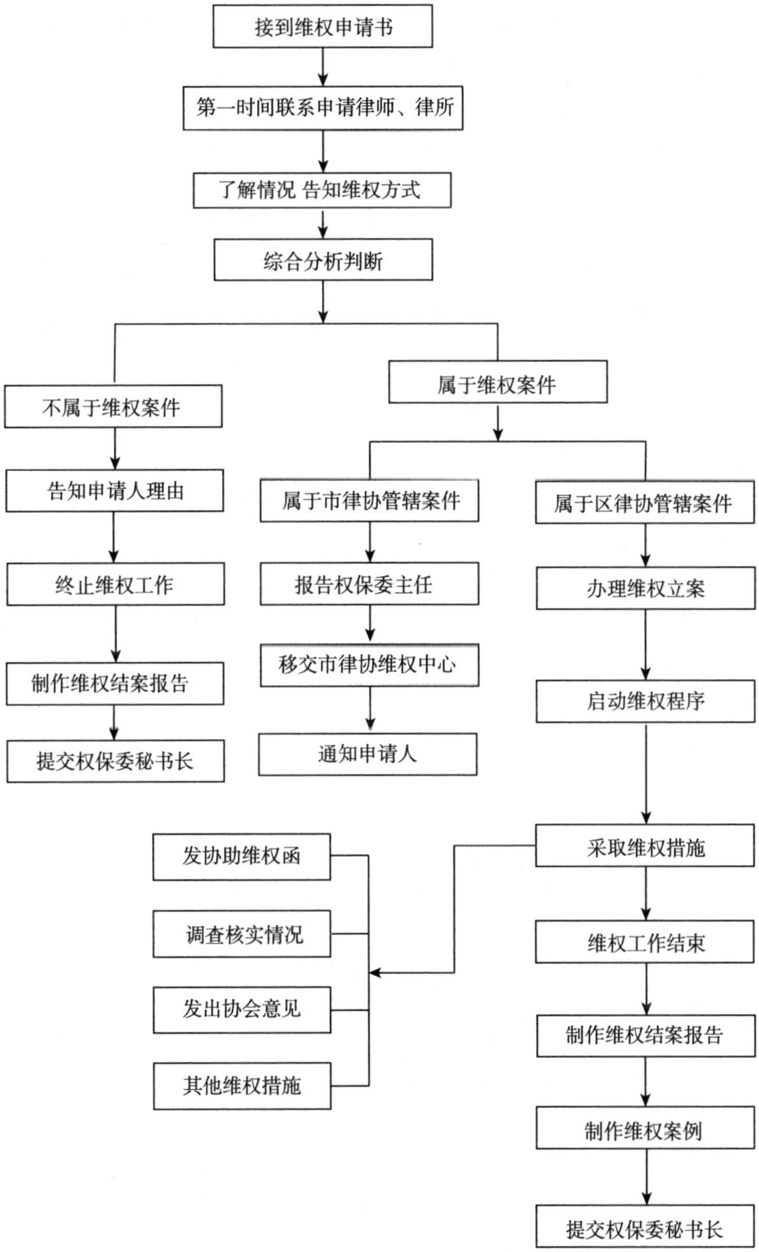

朝阳区律协权保委办理维权案件基本流程图

4. 维护律师执业权利基本工作流程图

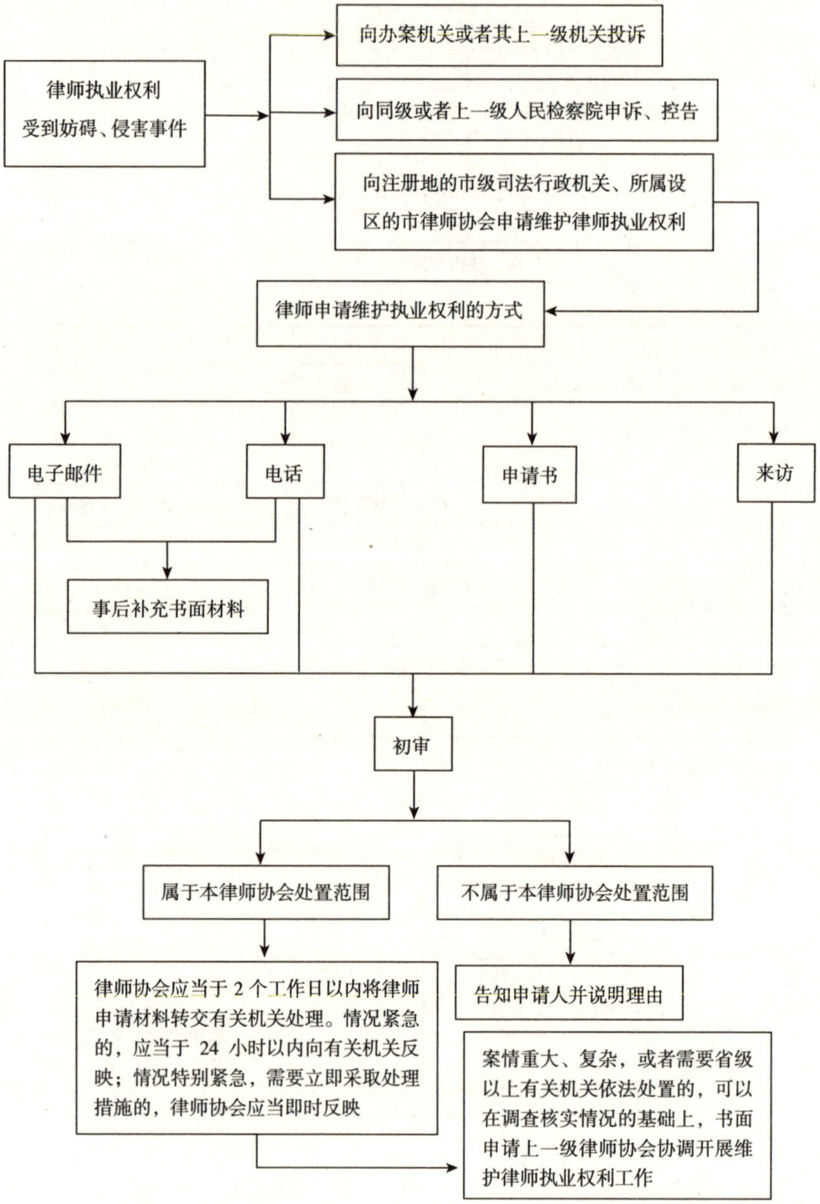

朝阳区律协权保委维护律师执业权利基本工作流程图

5. 维护律师执业权利范围图

维护律师执业权利范围

1. 知情权、申请权、申诉权、控告权，以及会见、阅卷、收集证据和发问、质证、辩论、提出法律意见等合法执业权利受到限制、阻碍、侵害、剥夺的；
2. 受到侮辱、诽谤、威胁、报复、人身伤害的；
3. 在法庭审理过程中，被违反规定打断或者制止按程序发言的；
4. 被违反规定强行带出法庭的；
5. 被非法关押、扣留、拘禁或者以其他方式限制人身自由的；
6. 其他妨碍其依法履行辩护、代理职责，侵犯其执业权利的；
7. 特别规定。律师在非执业过程中权利受到侵害的，或者对司法行政机关、律师协会依职权实施的行政管理、行业自律管理行为有异议的，不属于律师协会维护律师执业权利的范围

朝阳区律协权保委维护律师执业权利范围图

律师的执业权利来自《律师法》《民事诉讼法》《刑事诉讼法》《行政诉讼法》等法律法规。为了让广大会员区分律师执业权利与当事人诉讼权利，准确及时向区律师协会申请维护和保障律师执业权利，编者决定将当事人诉讼权利与律师执业权利罗列在此，供各位会员查阅。广大会员在执业过程中，如发现公安、检察、法院等司法机关和行政机关、监察机关影响当事人的合法权利，应当通过其他合法途径维护当事人权利，当事人的权利不属于律师协会保障的范围。例如，代理律师前往法院立案，准备同时办理 9 个案件的立案材料和手续，依据立案法院规定，排队取号，为体现公平原则，每个立案号只能办理一个案件立案。律师协会通过

与法院协调,代理律师可以领取一个立案号,同时办理9个案件的立案手续,这属于律师协会为律师代理立案创造的便利条件,但却不属于律师协会维权范围之内。因为提起诉讼是当事人的权利,不是律师的权利。在立案过程中,律师行使代理立案权利,若该法院禁止律师代理当事人办理立案手续,则属于法院侵犯律师代理权,律师申请律师协会维权,律师协会则应当就法院侵犯律师代理权展开维权工作。

(1)《民事诉讼法》规定的当事人权利与律师执业权利

权利主体	权利内容
当事人	委托代理人权(第49条第1款) 回避申请权(第49条第1款) 收集提供证据权(第49条第1款) 辩论权(第49条第1款) 请求调解权(第49条第1款) 上诉权(第49条第1款) 申请执行权(第49条第1款) 阅卷权(第49条第2款) 和解权(第50条) 承认或放弃、反驳诉讼请求权(第51条) 推选诉讼代表人权(第53条) 申请法院调取证据权(第64条第2款) 质证权(第68条) 保密义务(第68条) 申请鉴定权(第76条) 申请通知专门知识的出庭权(第76条第2款) 起诉权(第119条) 应诉权(第125条) 答辩权(第125条) 申请不公开审理权(第134条第2款) 核对庭审笔录权(第147条) 申请再审权(第199条) 第三人申请参加诉讼权(第56条)
律师	诉讼代理权(第58条、第59条) 调查取证权(第61条) 阅卷权(第61条)

(2)《行政诉讼法》规定的当事人权利与律师执业权利

权利主体	权利内容
当事人	起诉权(第25条第1款) 近亲属起诉权(第25条第2款) 共同诉讼同意权(第27条) 第三人申请参加诉讼权(第29条) 委托诉讼代理人权(第31条) 行政机关收集证据的限制(第35条) 提供证据权(第37条) 申请法院调取证据权(第41条) 申请法院保全证据权(第42条) 质证权(第43条) 申请回避权(第55条) 申请停止执行权(第56条第2项) 申请先予执行权(第57条) 申请再审权(第90条) 民事诉讼法规定其他权利(第101条)
律师	诉讼代理权(第31条) 调查取证权(第32条) 阅卷权(第32条) 民事诉讼规定的其他权利(第101条)

(3)《刑事诉讼法》规定的当事人权利与律师执业权利

权利主体	权利内容
监护人 近亲属	监护人代为委托辩护人权(第34条第3款) 近亲属代为委托辩护人权(第34条第3款) 近亲属申请法律援助辩护权(第35条第1款) 被害人及其法定代理人或者近亲属委托代理权(第46条第1款) 当事人及其法定代理人委托代理权(第46条第1款) 自诉人及其法定代理人委托代理权(第46条第1款) 法定代理人、近亲属申请变更强制措施权(第97条) 法定代理人、近亲属要求解除刑事强制措施权(第99条) 当事人、辩护人、诉讼代理人、利害关系人申诉、控告权(第117条) 法定代理人上诉权(第227条第1款) 法定代理人、近亲属申诉权(第252条、第253条)

续表

权利主体	权利内容
犯罪嫌疑人 被告人	自己行使辩护权(第33条) 委托辩护人权(第33条、第34条) 委托律师辩护权(第33条、第34条) 指定提供辩护权(第35条、第36款) 拒绝辩护人继续辩护权(第45条) 当事人申请非法证据排除权(第58条第2款) 质证权(第61条) 申请变更强制措施权(第97条) 要求解除强制措施权(第99条) 自首权(第110条第4款) 申诉、控告权(第117条) 饮食和必要的休息权(第119条第3款) 无关问题拒绝回答权(第120条第1款) 聋、哑犯罪嫌疑人翻译权(第121条) 笔录核对权(第122条) 自行书写供述权(第122条) 鉴定意见知情权(第148条) 补充鉴定或重新鉴定权(第148条、第197条第1款) 申请不公开审理权(第188条第1款) 申请鉴定人出庭作证权(第192条第3款) 发问权(第194条第1款) 申请新的证人到庭权(第197条第1款) 申请调取新的物证权(第197条第1款) 申请重新勘验权(第197条第1款) 申请法庭通知专门知识的人出庭(第197条第2款) 发表意见权(第198条第2款) 辩论权(第198条第2款) 最后陈述权(第198条第3款) 核对庭审笔录权(第207条第3款) 上诉权(第227条第1款) 申诉权(第252条、第253条)
律师	辩护人回避申请权、复议权(第32条第2款) 辩护人、辩护律师的辩护权(第33条、第34条) 监护人代为委托辩护人权(第34条第3款) 近亲属代为委托辩护人权(第34条第3款) 近亲属申请法律援助辩护权(第35条) 侦查期间辩护律师提供法律咨询权(第38条、第39条第4款) 侦查期间辩护律师代理申诉、控告权(第38条) 侦查期间辩护律师申请变更刑事强制措施权(第38条) 侦查期间辩护律师案件提出意见权(第38条)

续表

权利主体	权利内容
律师	辩护律师的会见权、通信权（第 39 条） 辩护律师核实证据权（第 39 条第 4 款） 辩护律师查阅、摘抄、复制案卷权（第 40 条） 辩护人申请调取证据权（第 41 条） 辩护人收集证据权（第 42 条） 辩护律师收集材料权（第 43 条） 辩护律师申请调查取证权（第 43 条） 辩护律师保密权（第 48 条） 辩护人申诉或控告权（第 49 条、第 117 条） 辩护人申请非法证据排除权（第 58 条第 2 款） 辩护人质证权（第 61 条） 辩护人要求解除强制措施权（第 99 条） 辩护律师侦查阶段辩护意见权（第 161 条） 辩护律师案件移送知情权（第 162 条） 辩护人审查起诉辩护意见权（第 173 条） 辩护人开庭十日前接收起诉书副本权（第 187 条第 1 款） 辩护人开庭前三日接收开庭通知权（第 187 条第 3 款） 辩护人发问权（第 191 条第 2 款） 辩护人证人证言异议权（第 192 条第 1 款） 辩护人鉴定意见异议权（第 192 条第 3 款） 辩护人申请新的证人到庭权（第 197 条第 1 款） 辩护人申请调取新的物证权（第 197 条第 1 款） 辩护人申请重新勘验权（第 197 条第 1 款） 辩护人申请法庭通知专门知识的人出庭权（第 197 条第 2 款） 辩护人发表意见权（第 198 条） 辩护人辩论权（第 198 条第 2 款） 辩护人受送达判决书权（第 202 条）

6. 律师申请维护执业权利途径与方式图

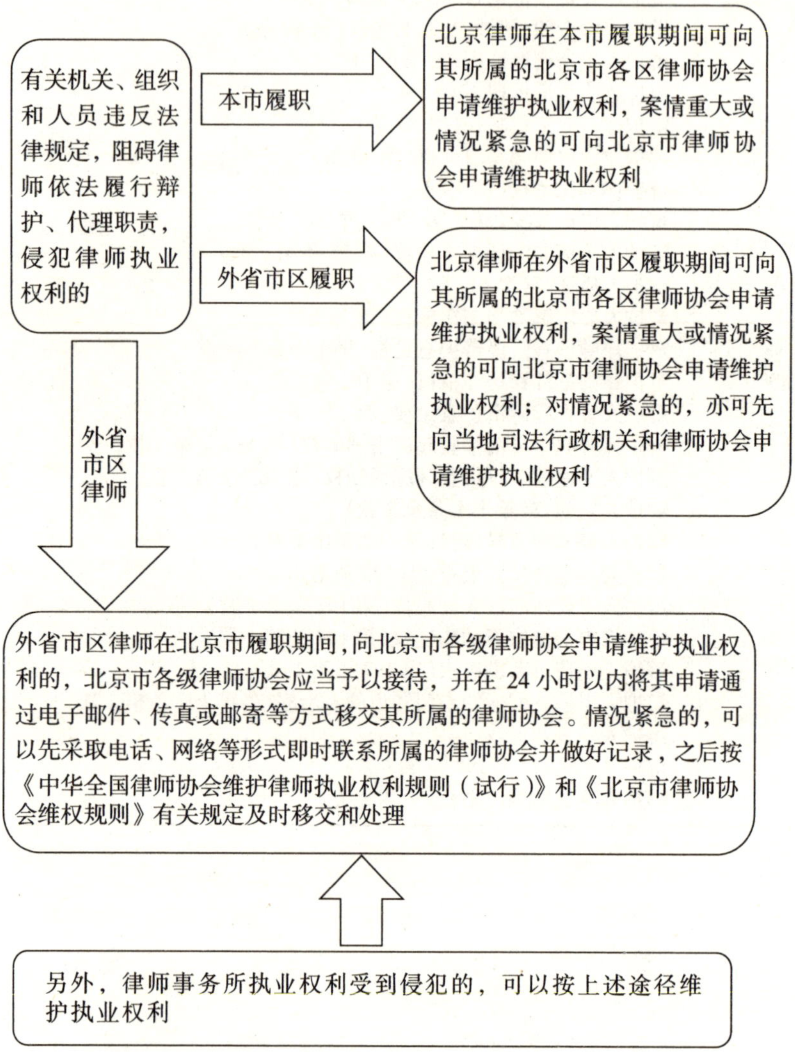

朝阳区律协权保委律师申请维护执业权利途径与方式图

7. 律师申请与受理维护执业权利程序图

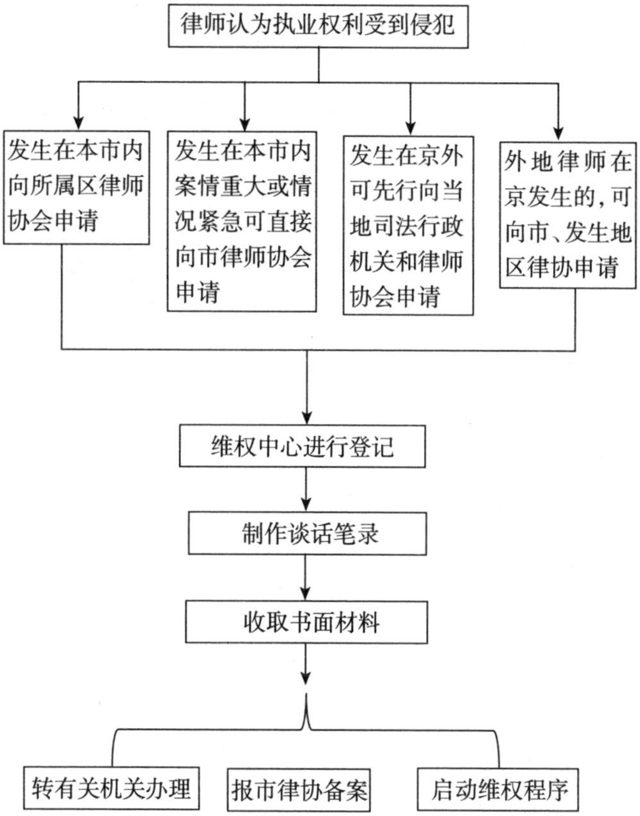

朝阳区律协权保委律师申请与受理维护执业权利程序图

8. 维护律师执业权利案件调查程序流程图

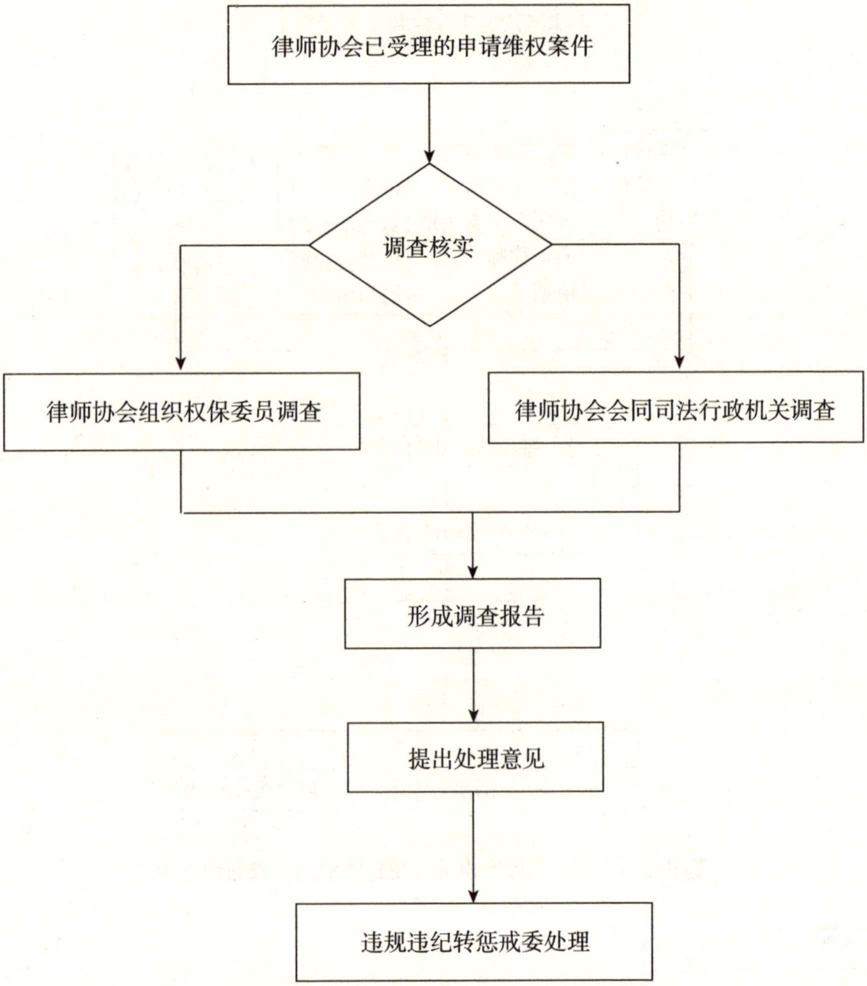

朝阳区律协权保委维护律师执业权利案件调查程序流程图

9. 维护律师执业权利案件处理程序图

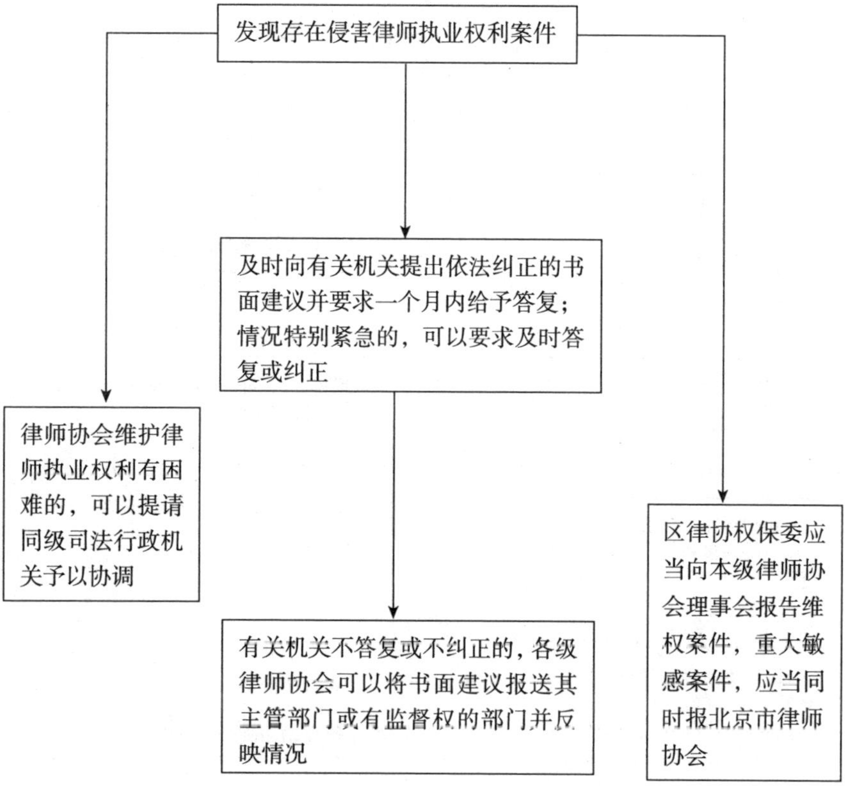

朝阳区律协权保委维护律师执业权利案件处理程序图

10. 维护律师执业权利案件应急处理方法图

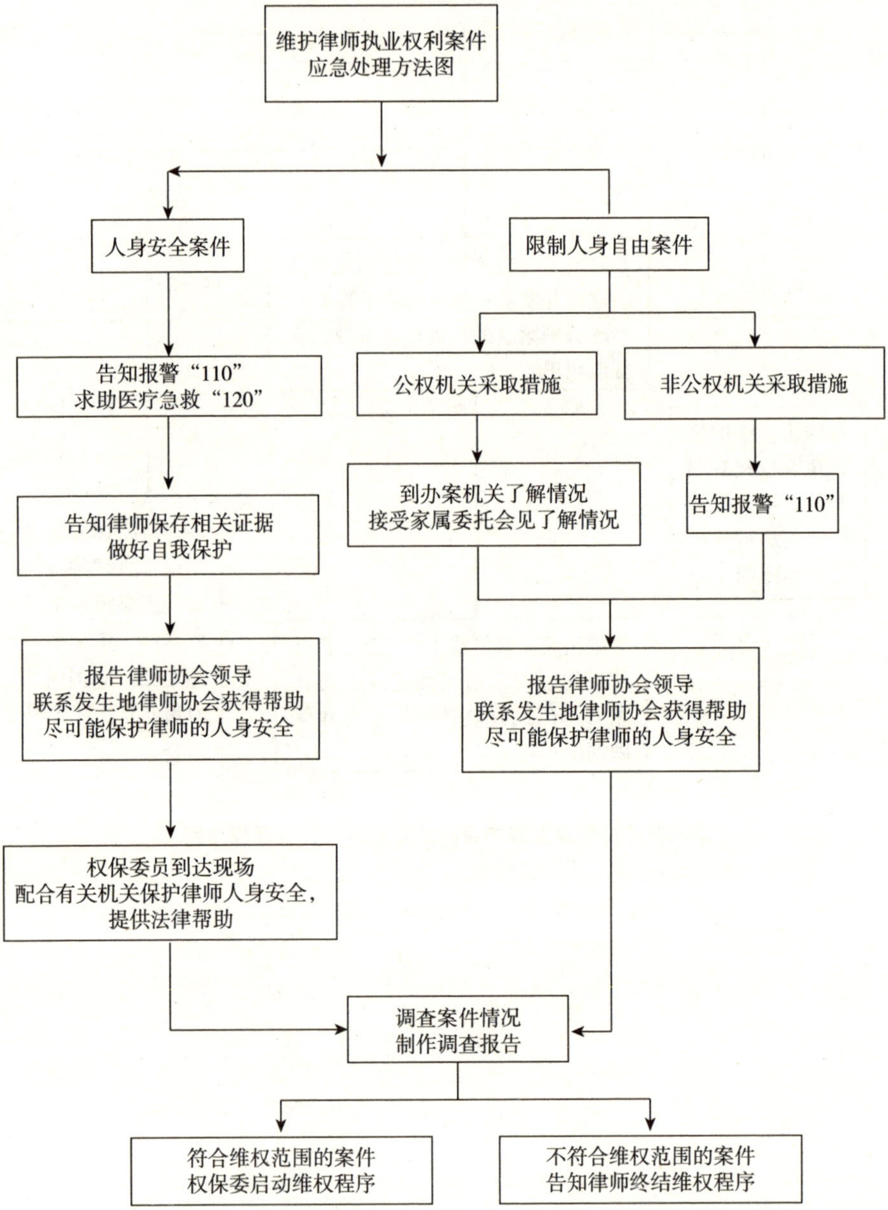

朝阳区律协权保委维护律师执业权利案件应急处理方法图

11. 维护律师执业权利案件信息反馈程序图

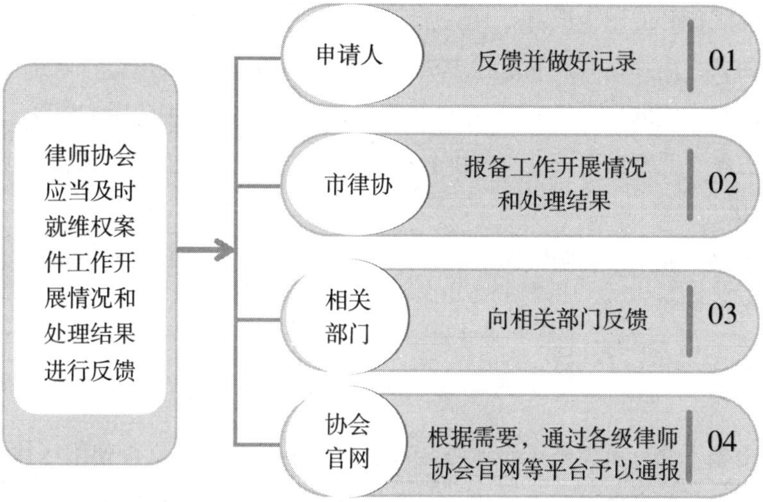

朝阳区律协权保委维护律师执业权利案件信息反馈程序图

12. 权保委工作规则

北京市朝阳区律师协会权益保障委员会工作规则

第一章　总　　则

第一条　为切实保障北京市朝阳区律师执业权利，充分发挥律师维护当事人合法权益、维护法律正确实施、维护社会公平和正义的作用，促进司法公正，根据《中华人民共和国律师法》《北京市律师协会章程》《律师协会维护律师执业权利规则（试行）》《北京市律师协会权益保障委员会工作规则》《北京市朝阳区律师协会章程》和有关法律法规的规定，制定本规则。

第二条　北京市朝阳区律师协会律师权益保障委员会是北京市朝阳区律师协会专门工作委员会，负责全区执业律师合法权益保障工作的调研、咨询、受理、调查和处理。

北京市朝阳区律师协会律师权益保障委员会在北京市朝阳区律师协会领导下开展工作并向理事会报告工作。

第三条 北京市朝阳区律师协会开展保障律师依法执业和维护律师合法权益的具体工作时适用本规则。

第四条 律师在非执业过程中权利受到侵害的,或者对司法行政机关、律师协会依职权实施的行政管理、行业自律管理行为有异议的,不适用本规则。

第五条 北京市朝阳区律师协会应当设立维护律师执业权利工作专项经费,专款专用。

第六条 北京市朝阳区律师协会开展维护律师执业权利工作,自觉接受司法行政机关的监督、指导。

第二章 工作机构

第七条 北京市朝阳区律师协会权益保障委员会是北京市朝阳区律师协会维护律师执业权利的专门工作机构。北京市朝阳区律师协会维护律师执业权利中心是北京市朝阳区律师协会权益保障委员会的日常工作机构,设在北京市朝阳区律师协会秘书处。

第八条 北京市朝阳区律师协会权益保障委员会应当由具有八年以上执业经历和相关工作经验并熟悉律师行业情况的人员组成。根据工作需要,北京市朝阳区律师协会可以聘请相关领域专家担任顾问。

第九条 北京市朝阳区律师协会权益保障委员会设主任一人,副主任若干人,秘书长一人,副秘书长二人及委员若干人。主任、副主任由北京市朝阳区律师协会会长提名,理事会批准产生,任期至北京市朝阳区律师协会下一届权益保障委员会成立之日,可以连任。

第十条 北京市朝阳区律师协会维护律师执业权利中心由权益保障委员会委员和具有相关工作经验并熟悉律师行业情况的人员组成。

第三章 职责范围

第十一条 北京市朝阳区律师协会维护律师执业权利工作的主要职责:

(一)负责本区所属律师维护执业权利案件的调研、受理、调查、处理和反馈;

(二)与本区司法局等有关机关建立健全维护律师执业权利的工作机制;

（三）负责办理北京市律师协会交办、督办的维护律师执业权利案件；

（四）协助北京市律师协会办理外省市律师维护律师执业权利案件；

（五）根据北京市律师协会的统一安排，开展维护律师执业权利相关工作；

（六）向北京市律师协会和本区有关部门提出完善和保障律师执业权利的意见建议；

（七）向北京市律师协会和本区律师协理事会总结报告律师行业维护律师执业权利工作情况；

（八）开展维护律师执业权利的其他工作。

第十二条　北京市朝阳区律师协会维护律师执业权利中心的主要职责：

（一）接待维护律师执业权利申请；

（二）对维护律师执业权利申请进行初审，对于符合规定的申请提交北京市朝阳区律师协会权益保障委员会受理；

（三）负责维权案件移交对接工作；

（四）负责与相关办案机关、司法行政机关和律师协会间的组织协调工作，参与维护律师执业权利案件调查、处理、反馈工作；

（五）对符合启动快速处置机制或者需要向朝阳区保障律师权益联席会议报告的重要工作、案件，负责报告、沟通、协调工作；

（六）定期开展对维护律师执业权利工作的汇总、归档、通报和回访；

（七）研究起草维护律师执业权利工作报告；

（八）其他应当由维护律师执业权利中心办理的工作。

第四章　申请和受理

第十三条　北京市朝阳区执业律师认为本区有关机关、组织和人员违反法律规定，阻碍律师依法履行辩护、代理职责，侵犯律师执业权利的，可以向其所属的北京市朝阳区律师协会申请维护执业权利，案情重大或情况紧急的可以直接向北京市律师协会申请维护执业权利。

第十四条　北京市朝阳区律师在外地依法履职期间，认为当地有关机关、组织和人员违反法律规定，阻碍律师依法履行辩护、代理职责，侵犯律师执业权利的，应当按《北京市律师协会权益保障委员会工作规则》规定的途径维护执业权利。对情况紧急的，可以先向当地司法行政机关和律师协会申请维护执业权利。

第十五条 外地律师在北京市朝阳区依法履职期间认为北京市朝阳区有关机关、组织和人员违反法律规定,阻碍律师依法履行辩护、代理职责,侵犯律师执业权利的,向北京市朝阳区律师协会申请维护执业权利的,北京市朝阳区律师协会应当予以接待,并在24小时以内将其申请通过电子邮件、传真或邮寄等方式移交其所属的律师协会。情况紧急的,可以先采取电话、网络等形式即时联系所属的律师协会并做好记录,之后按中华全国律师协会《律师协会维护律师执业权利规则(试行)》和本规则有关规定及时移交和处理。

北京市朝阳区律师协会维护律师执业权利中心接到外地律师上述维护律师执业权利申请的,应当及时向北京市律师协会维护律师执业权利中心报告。

第十六条 律师事务所执业权利受到侵犯的,可以按上述途径维护执业权利。

第十七条 北京市朝阳区律师在执业过程中遇有以下情形,应当向北京市朝阳区律师协会申请维护执业权利,朝阳区律师协会应当受理:

(一)知情权、申请权、申诉权、控告权,以及会见、通信、阅卷、收集证据和发问、质证、辩论、提出法律意见等合法执业权利受到限制、阻碍、侵害、剥夺的;

(二)受到侮辱、诽谤、威胁、报复、人身伤害的;

(三)在法庭审理过程中,被违反规定打断或者制止按程序发言的;

(四)被违反规定强行带出法庭的;

(五)被非法关押、扣留、拘禁或者以其他方式限制人身自由的;

(六)其他妨碍律师依法履行辩护、代理职责,侵犯其执业权利的。

第十八条 对于案情特别重大、情况特别紧急、严重影响律师执业权利的,或者根据案件实际情况由北京市律师协会直接受理更为适宜的,北京市律师协会可以决定直接受理。

第十九条 与维护律师执业权利有直接关联的事实或者争议进入诉讼、仲裁程序或者其他法定救济机制,北京市朝阳区律师协会应当待相关程序或机制结束后,再行决定是否开展维护律师执业权利工作。

第二十条 律师可以采用电话、信函、电子邮件、来访等方式,申请维护执业权利。

第二十一条 律师申请维护律师执业权利应当提交申请书、相关证据材料等书面材料。申请书应当写明申请人信息和联系方式、申请事项、申请理由事实等信息。采用电话、电子邮件申请的，在受理后申请人应当及时补交相关书面材料。因情况紧急、被限制人身自由等情况，可以电话口头申请或委托他人代为申请，在受理后申请人应当及时补交相关书面材料。

第二十二条　北京市朝阳区律师协会应当设立专门电话、专用邮箱和网上受理窗口，畅通律师申请维护执业权利的申请渠道。

第二十三条　维护律师执业权利中心负责接待律师维护执业权利申请并予以登记，认真记录申请人信息、申请事项、申请理由及事实等必要事项。必要时，接待人员可以录音、录像。

第二十四条　维护律师执业权利中心接到律师维护执业权利申请，或者司法行政机关、其他律师协会移交的申请后，应当即时进行初审，并提交本级权益保障委员会审查。对属于受理范围的，应当及时受理；对于不属于受理范围的，应当于接到维权申请后 2 个工作日内告知申请人并说明理由。

第二十五条　对已受理的维护律师执业权利申请，属于本律师协会处理范围的，北京市朝阳区律师协会应当于 2 个工作日以内将律师申请材料转交有关机关处理。情况紧急的，应当于 24 小时以内向有关机关反映；情况特别紧急，需要立即采取处理措施的，北京市朝阳区律师协会应当即时反映。

第二十六条　律师人身权利受到侵害，情况紧急，北京市朝阳区律师协会应当启动快速处置机制，切实保障律师人身安全，必要时可以申请有关机关对律师采取保护措施。

第二十七条　北京市朝阳区律师协会接到异地执业律师维护执业权利申请后，应当根据不同情况，及时向行为发生地律师协会通报，请求予以协助。

第二十八条　北京市朝阳区律师协会接到其他区律师协会协助维护律师执业权利的请求后，应当给予协助，并按照工作程序和时限要求通报相关办案机关予以处理。

第二十九条　北京市朝阳区律师协会接到外省市各级律师协会协助维护律师权利请求的，应当及时向北京市律师协会报备并提交有关材料。

第三十条　北京市朝阳区律师协会认为案情重大、复杂，或者需要北京市市级以上有关机关、外省市省级以上有关机关依法处理的，可以在调查核实情况的基础上，书面申请北京市律师协会协调开展维护律师执业权利工作。

第三十一条　北京市朝阳区律师协会获悉律师执业权利受到侵害的案件，可以直接启动维护律师执业权利工作程序,但律师明示不需要的除外。律师明示不需要律师协会维权的,朝阳区律师协会应当做好记录并由律师签字确认。

第五章　调　　查

第三十二条　北京市朝阳区律师协会对已受理的维护执业权利申请应当及时组织调查核实。必要时可委派2名以上权益保障委员会委员组成调查组进行调查。

第三十三条　北京市朝阳区律师协会对已受理的维护执业权利申请案件,发现存在侵害律师执业权利行为与律师违法违规执业相互交织的,或者情况复杂、存在争议的,可以提请同级司法行政机关等有关机关组成联合调查组,及时准确查明事实。北京市朝阳区律师协会与同级司法行政机关等有关机关组成联合调查组的,应当及时向北京市律师协会通报联合调查情况和结果。

第三十四条　调查人员应当及时、全面、客观、公正的调查核实有关情况。

第三十五条　调查人员可以采取以下措施开展调查工作:

(一)查阅、收集案件相关书面材料;

(二)询问提出申请维权的律师;

(三)询问申请维权的律师事务所主任或主要负责人;

(四)与案件相关人员进行谈话;

(五)向案件涉及的办案单位和办案人员了解情况;

(六)到行为发生地实地走访了解情况;

(七)其他依法可以采取的调查措施。

第三十六条　调查人员在调查过程中了解到的国家秘密、商业秘密、个人隐私以及办案秘密等信息,应当保密,对相关资料应当予以妥善保存。

第三十七条　调查工作完成后,经市律师协会权益保障委员会或区律师协会权益保障委员会讨论研究后,应当形成调查报告,提出处理意见和建议。

第三十八条　调查过程中,发现申请维护执业权利的律师涉嫌违法、违规执业行为的,应当及时转交相应律师协会惩戒机构处理。

第六章　处　　理

第三十九条　受理申请后,北京市朝阳区律师协会对经调查,发现存在侵害律师执业权利的，应当及时向有关机关提出依法纠正的书面建议，并要求其在一个月内给予答复。情况特别紧急的，可以要求有关机关及时予以答复或纠正。

朝阳区律师协会提出的书面建议应及时报送北京市律师协会备案。

第四十条　有关机关对北京市朝阳区律师协会提出的书面建议不答复或者不纠正的，朝阳区律师协会可以将书面建议报送其主管部门或者有监督权的部门并反映情况。

第四十一条　北京市朝阳区律师协会在维护律师执业权利过程中遇到困难和问题，难以协调解决的，可以提请同级司法行政机关予以协调。

第四十二条　申请维护执业权利的律师，可以要求受理申请的北京市朝阳区律师协会委派律师提供法律帮助。

对于人身自由受到限制，或者其他特殊原因不能自行维护执业权利的律师，受理申请的北京市朝阳区律师协会应当委派律师依法为其提供法律帮助。

第四十三条　权益保障委员会办理维护律师执业权利案件，应当向本级律师协会理事会报告。朝阳区律师协会办理的重大、敏感案件情况同时报北京市律师协会。

第四十四条　北京市朝阳区律师协会在维护律师执业权利过程中，可以根据调查处理的实际情况，适时发声、表达关注，公布阶段性调查结果或者工作进展情况。必要时应当及时向社会披露调查处理结果，但应当注意舆论引导，避免引发不良社会影响。

北京市朝阳区律师协会拟向社会发布相关意见或公布案件调查结果、进展情况等案件信息的，应当事前征询北京市律师协会的意见。

第四十五条　北京市朝阳区律师协会参与维护律师执业权利案件的工作人员及其他知悉情况的人员，不得擅自对外发布、透露维护律师执业权利案件情况。

第七章　反　　馈

第四十六条　受理申请后，北京市朝阳区律师协会应当及时就维护律师执业权利工作开展情况和处理结果向申请人反馈并做好记录。

第四十七条　北京市朝阳区律师协会应当就维护律师执业权利工作开展情况和处理结果，及时向有关机关反馈。朝阳区律师协会应当及时向北京市律师协会报备工作开展情况和处理结果。

第四十八条 北京市朝阳区律师协会应当定期研究总结维护律师执业权利工作开展情况，根据需要，可以通过朝阳区律师协会官方网站等平台予以通报。

第八章 工 作 机 制

第四十九条 北京市朝阳区律师协会应当建立健全维护律师执业权利快速处置机制，做到及时受理、调查、处理、反馈。

第五十条 北京市朝阳区律师协会应当充分发挥联席会议制度的作用，定期向同级司法行政机关、公安机关、检察机关和审判机关等单位通报维护律师执业权利的工作情况和信息，反映维护律师执业权利工作中的突出性、普遍性问题，提出意见和建议；定期会同上述机关开展联合调研督查，完善保障律师执业权利的制度。

第五十一条 北京市朝阳区律师协会应当充分发挥与司法行政机关等有关机关协调联动机制的作用，对侵害律师执业权利案件联合督办，共同处置。

第五十二条 北京市朝阳区律师协会应当建立完善维护律师执业权利工作信息统计报告制度。朝阳区律师协会应当定期向北京市律师协会提交维护律师执业权利工作信息统计报告。

第五十三条 北京市朝阳区律师协会应当建立网络舆情快速应对机制，与北京市律师协会及各区律师协会、同级司法行政机关之间应当互通信息，共同妥善处置。

第五十四条 北京市朝阳区律师协会应当将律师执业风险防范纳入培训活动，规范所属律师执业行为。

第五十五条 北京市朝阳区律师协会应当加强对维护律师执业权利工作的宣传，定期对先进典型进行表彰。

第九章 附 则

第五十六条 北京市朝阳区律师协会可以根据本规则制定相应工作办法。

第五十七条 本规则由北京市朝阳区律师协会负责解释。

第五十八条 本规则经北京市朝阳区律师协会理事会通过后，自公布之日起试行。

13. 权保联络员工作细则

朝阳区律师协会权保联络员工作细则

第一章　总　　则

第一条　为维护和保障朝阳区律师的执业权利，建立健全权保联络员制度，加强协会、权益保障委员会与各会员的联系和沟通，畅通信息传递，更好地为会员提供服务，依据协会章程，特制定本工作细则。

第二章　权保联络员的选任

第二条　权保联络员应符合以下基本条件：

（一）政治素质好，服务意识强，热爱权保联络工作，并具有较强的责任感；

（二）了解行业的政策、法规，熟悉所在律师事务所主要工作，掌握其基本情况；

（三）具有较强的综合分析能力、文字表达能力和沟通协调能力。

第三条　权保联络员原则上由各会员单位管理岗位或行政岗位律师担任，也可以由律师事务所按上述条件推荐，指定专人担任，并出具律师事务所有效证明，报秘书处登记备案。经秘书处核定，对符合条件者发文公布。

第四条　权保联络员实行动态管理，当权保联络员发生变更时，应及时通报秘书处。朝阳区律师协会权益保障委员会要求报送信息、推荐稿件任务连续两次未报送者或无故两次以上不参加朝阳区律师协会权益保障委员会举办的权保联络员会议者，朝阳区律师协会权益保障委员会可向其所在律师事务所反映，提出更换人选。

第三章　权保联络员的权利与工作职责

第五条　权保联络员的权利：

（一）优先参加朝阳区律师协会权益保障委员会组织的权保联络员工作会议和活动，对朝阳区律师协会权益保障委员会联络工作有建议、批评和监督的权利；

（二）本人撰写或推荐的稿件，可被朝阳区律师协会优先采用；

（三）享有参加朝阳区律师协会“年度优秀权保联络员”的评选资格。

第六条 权保联络员工作职责：

（一）负责律师、律师事务所与朝阳区律师协会权益保障委员会的工作联系，及时传达朝阳区律师协会权益保障委员会的精神和要求，通报朝阳区律师协会权益保障委员会的工作动态；

（二）报送所在律师事务所的基本信息（包括机构、人员、资质变化，办公通讯地址及法人变更等）及重要工作动态，反映行业难点、热点问题及行业诉求；

（三）收集律师权益信息，做好律师权益保障的宣传与警示教育工作，配合朝阳区律师协会权益保障委员会调查律师权益保障事件，协助与指导律师维护其合法权益；

（四）负责收集、汇总所在律师事务所对朝阳区律师协会权益保障委员会工作的意见和合理化建议，并及时反馈给协会秘书处；

（五）指导本所律师依法开展维护律师权益工作；

（六）承办权益保障委员会、协会秘书处交办的其他有关工作。

第四章 报送信息要求

第七条 朝阳区律师协会权益保障委员会对权保联络员报送的信息进行筛选加工后，通过会刊、网站进行发布。报送信息的要求如下：

（一）重要的会议、活动、新闻或事件类信息应及时报送，其他信息最迟应于发生一周内报送；

（二）报送的信息一般要求以电子稿形式，文字表述应严谨适当；

（三）提供的信息应完整、准确、及时，经所在律师事务所负责人审核后由权保联络员报送协会秘书处。

第五章 权保联络员例会制度

第八条 实行权保联络员例会制度

（一）权保联络员例会为权保联络员工作机制的基本形式，每年召开一至两次。会议主要任务为：跟踪落实朝阳区律师协会权益保障委员会工作部署；通报、交流各会员的相关工作；参加朝阳区律师协会权益保障委员会组织的权保联络员会议、业务培训及有关活动；研究和改进权保联络员工作机制等。

（二）权保联络员因故不能参加例会，应告知协会秘书处，并委派其他联系人参加。

（三）每次会议具体时间、地点、参加单位和其他有关事项由协会秘书处负责通知。

（四）如因特殊情况，会议亦可使用通讯形式召开。

第九条 权保联络员例会要求

（一）权保联络员要准时参加会议，并准备好相关的材料。

（二）权保联络员要积极配合，相互支持，协调解决存在的问题。

（三）重大问题由协会秘书处上报主管副会长确定，并提交朝阳区律师协会权益保障委员会审议。

第六章 考评与表彰

第十条 朝阳区律师协会权益保障委员会每年要总结联络工作的基本情况，对会员单位权保联络员的工作做出评价，权保联络员工作由秘书处负责考评。

考核内容主要包括：信息报送数量和质量、网络建设、业务培训、制度建设、上缴会费等方面。朝阳区律师协会每年对“年度优秀权保联络员”予以表彰及给予一定物质奖励。

第七章 附 则

第十一条 本细则自公布之日起执行，本细则由朝阳区律师协会负责解释。

14. 权保委员联络员评先选优细则

权保联络员评选细则

为加强朝阳区律师协会（以下简称协会）与会员的联系，充分发挥权保联络员在收集律师权益信息，宣传权保工作，配合权保委工作，协助指导本所律师维权等事项中的积极作用，奖励在权保事业发展中做出贡献的权保联络员，协会权益保障委员会（以下简称权保委或本委员会）根据《朝阳区律师协会权保委工作规则》《权保联络员工作细则》规定，结合我区律师行业实际情况，特制定本细则。

本细则旨在鼓励先进、树立典型，确保评先选优工作的系统性、公正性和权威性。本委员会对评选工作遵循公开、公平、公正的原则。

第一条　评选范围

朝阳区律师协会权保委员会登记在册所有权保联络员。

第二条　参选条件

1. 工作责任心强，认真执行联络员工作制度；

2. 近三年无违法犯罪，未受到司法行政部门的行政处罚和律师协会的行业处分；

3. 积极协助权保委开展维护律师合法权益工作；

4. 定期向区权保委反映情况，协助权保委做好维权及反馈工作；

5. 积极开展律师权益保障宣传活动，收集本所律师申请维权案件，及时向权保委提出意见和建议；

6. 积极参加协会权保委组织的其他权保工作。

第三条　考评内容

1. 协助权保委处理的维权案件具有突出性、代表性；

2. 提出的权益保护及维权工作意见、建议被采纳率；

3. 信息报送数量和质量及时效性；

4. 参加协会及权保委组织开展的活动情况；

5. 收集并指导本所律师开展维护律师权益情况。

第四条　评选比例

1. 每年评选“十佳权保联络员”10 名；

2. 每年评选“年度优秀联络员”10 ~ 30 名。

权保联络员工作特别突出的，可以授予特别贡献奖，具体名额及比例由权保委主任会议报主管会长决定。

第五条　评选周期

1. 年度十佳权保联络员、优秀联络员评选工作，每年底进行评选。

2. 评选的具体条件及评选时间由权保委主任会议决定。

第六条　评选流程

1. 年度评优工作由主任办公会议提起，采取律所推荐与权保委提名两种办法确定候选人，由权保委主任会议提名名单。

2. 评先选优工作经过民主程序，由权保委主任会议评议通过，报主管会长审核，报区律师协会备案。

3. 评选为十佳及优秀联络员的，由本委员会给予一定的奖励表彰。

第七条　本细则自公布之日起执行，本细则由朝阳区律师协会权益保障委员会负责解释。

第二部分　权保文书

1. 维护律师执业权利热线(信箱)记录表

维护律师执业权利热线(信箱)记录表

序号	申请维权律师	律师事务所	申请维权原因	申请维权时间	处理意见
1					
2					
3					
4					
5					
6					
7					
8					
9					
10					
11					
12					
13					
14					
15					

2. 律师申请维护执业权利登记表

律师申请维护执业权利登记表

<table>
<tr><td>时间</td><td></td><td>值班人员</td><td colspan="2"></td></tr>
<tr><td>申请人</td><td></td><td>单位</td><td colspan="2"></td></tr>
<tr><td>联系方式</td><td colspan="2"></td><td>执业证号</td><td></td></tr>
<tr><td>侵权人</td><td></td><td>侵权单位</td><td colspan="2"></td></tr>
<tr><td>联系方式</td><td colspan="4"></td></tr>
<tr><td>申请请求</td><td colspan="4"></td></tr>
<tr><td>申请事由</td><td colspan="4"></td></tr>
<tr><td>处理建议</td><td colspan="4"></td></tr>
<tr><td>备注</td><td colspan="4"></td></tr>
<tr><td colspan="5">接待人签字：</td></tr>
</table>

3. 刑事案件庭审监督旁听登记表

刑事案件庭审监督旁听登记表

旁听时间		旁听地点	
通知单位		审理法院	
辩护律师		所在律所	
被告人姓名		指控罪名	
涉案人员性质	□职务犯罪□涉黑犯罪 □涉恶势力犯罪□其他案件		
简要案情	（主要记录具体是什么案件，辩护律师及所在律所情况等）		
指定旁听人员		所在委员会	
联系电话		所在律所	
执业证号		身份证号	

4. 刑事案件庭审监督工作报告表

刑事案件庭审监督工作报告表

旁听时间		旁听人员	
通知单位		审理法院	
辩护律师		所在律所	
被告人姓名		指控罪名	
涉案人员性质	□职务犯罪□涉黑犯罪 □涉恶势力犯罪□其他案件		
监督情况	（主要记录辩护律师在庭审过程中，辩护律师是否配合法庭审理，有无需要维权事项或者有无违反法庭纪律或者违规违纪行为等）		
报告人：　　　　时间：　年　月　日			

5. 维护律师执业权利申请书

维护律师执业权利申请书

申请人		侵权人	
所在律所		侵权单位	
执业证号		统一代码	
注册辖区		办公地址	
通讯地址		联络地址	
联系电话		联系电话	
电子信箱			
维权请求	（主要填写请求律师协会帮助维护权利的内容，简单具体明确） 1. 2.		
事实理由	（主要陈述具体事实理由、侵权人违法违纪行为、法律依据等） 附证据材料： 1. 2. 3. 此致 北京市朝阳区律师协会 申请人（签名）： 年　月　日		
律师承诺	本人保证以陈述内容完全客观属实，否则，本人愿意一切承担法律后果。 申请人（签名）：		
备　注			

6. 维护律师执业权利案件受理回执

维护律师执业权利案件受理回执

<table><tr><td>
：
你(单位)于　　年　月　日申请的
一案我协会已受理(受案登记表文号为)。
联系人：　　　　　,联系方式：　　　　　　　　。

受理协会：

年　月　日
中请人(签名)：
年　月　日
</td></tr></table>

此联交申请人。

7. 维护律师执业权利案件申请提交材料清单

维护律师执业权利案件申请提交材料清单（一式两份）

编号：

申请人向北京市朝阳区律师协会申请维护执业权利，并提交如下材料：

序号	材料名称	份数	页数	备注（是否有原件）
1				
2				
3				
4				
5				
6				
7				
8				
9				

提交人：　　　　　　　　　　　　　　　　　　　　　　　　接收人：

年　月　日　　　　　　　　　　　　　　　　　　　　　　　年　月　日

8. 维护律师执业权利申请谈话笔录

朝阳区律师协会维护律师执业权利申请谈话笔录

时间： **地点：**
申请人： **律所：**
谈话人： **记录人：**

谈话人：您好，我们是北京市朝阳区律师协会的工作人员，请说一下您的姓名、单位、联系方式及地址。

申请人：

谈话人：您有什么维权请求？

申请人：

谈话人：请详细介绍一下侵权事实和理由？

申请人：

谈话人：请陈述一下您的具体维权要求？

申请人：

谈话人：针对上述侵权事实和理由，您是否有证据提交？

申请人：

谈话人：根据您的陈述及相关证据资料，我们会按照工作程序，通过以下第　　种方式予以办理：

1. 将本案转律师协会处理；
2. 提交权益保障委员会研究处理；
3. 其他。

谈话人：您还有其他要说明补充的吗？

申请人：

谈话人：以上记录是我们今天谈话的主要内容，请认真阅读，有异议的地方可以补正，确认无异议后请逐页签字。

申请人：

时间：　年　月　日

9. 维护律师执业权利案件立案呈请报告书

维护律师执业权利案件立案呈请报告书

<table>
<tr><td>
领导
批示

审核
意见

呈请维护律师执业权利立案报告书

律师维权申请人:(自然情况)
申请维权事项:
事实与理由:

此致
北京市朝阳区律师协会

申请人:

时间: 年 月 日
</td></tr>
</table>

10. 维护律师执业权利案件立案决定书

北京市朝阳区律师协会

维护律师执业权利案件立案决定书

<table>
<tr><td>
朝律维立字[ ]号

根据《中华人民共和国律师法》之规定,决定对进行维护律师执业权利案件立案。

(协会公章)
年 月 日
</td></tr>
</table>

11. 维护律师执业权利案件立案通知书

北京市朝阳区律师协会

维护律师执业权利案件立案通知书

朝律维通字[　]号

：

根据《中华人民共和国律师法》及相关法律法规，我会于　年　月　日对你(单位)维护律师执业权利申请进行立案。现通知如下：

1. 本案的立案号为：朝律维立字[ ]号。

2. 本案由权保委委员　　　同志负责调查工作。

3. 请你在收到本通知之日起　工作日内，向本会提交案件相关材料，并提供相关证据，以便于维权工作开展。有特殊原因无法提交原件的，应提交全部卷宗的复印件并由律师事务所盖章证明其真实性和完整性。

特此通知！

附：

维权中心联系人：

联系电话：

通讯地址：

年　月　日

12. 维护律师执业权利案件移交清单

维护律师执业权利案件移交清单(一式两份)

申请人：　　　　　　　　维权事由：

移交单位：　　　　　　　接收单位：

移交材料如下：

序号	材料名称	份数	页数	复印件/原件
1				
2				
3				
4				
5				
6				
7				
8				

移交人：　　　　　　　　接收人：

年　月　日　　　　　　　年　月　日

13. 律师协会协助维权函

北京市朝阳区律师协会

协助维权函

京朝律维字[　　]第号

律师协会：

现有我辖区北京律师事务所律师因申请维护律师执业权利，因侵权行为地在贵省市区（县）。按照全国律协《律师协会维护律师执业权利规则（试行）》的有关规定，特请求贵会予以协助，维权申请及相关材料已随函一并转交。

北京市朝阳区律师协会

年　月　日

14. 律师协会协助调查函

北京市朝阳区律师协会

协助调查函

朝律发[　]第号

：

我会在处理律师申诉/控告一案中，需要核实/查询事项，特请贵单位协助调查以下问题并提供相关材料：

1.

2.

3.

请贵单位在调查结果及相关材料上加盖公章后及时函告我会。

联系人：　　　　联系电话：

北京市朝阳区律师协会

年　月　日

注：

1. 本函仅限于我会调查核实律师执业权益保障或违纪有关情况时使用；
2. 本函一式二份，贵单位留存一份，我会归档留存一份。

15. 律师申请维权不予受理通知书

北京市朝阳区律师协会

律师申请维权不予受理通知书

朝律维不通字[　　]号

　　:

你(单位)于　年　月　日向本会提出维护执业权利申请,根据《中华人民共和国律师法》及相关法律规定,决定对你(单位)的本次维权申请不予立案。

如不服本决定,自收到本通知书七个工作日内向本会申请复议。

北京市朝阳区律师协会

年　月　日

16. 维护律师执业权利案件调查报告

维护律师执业权利案件调查报告

朝律维调报[　]号

维权申请人(下称申请人):姓名:　性别:　出生年月:　单位职业:　住所地。

侵权人(单位):(法人或单位的,写明单位名称全称,住所地:法定代表人姓名,职务。)

一、侵权事由

申请人称:(简单表述维权申请人的侵权事由)

二、立案情况

本案于　年　月　日立案调查,案号为朝律维字(　　)第　　号。权保委指派　　、　　　为本案的承办人,受委托负责本案的核实调查工作。

三、调查情况

本案现已调查完结,特将调查情况情况汇报如下:(描述侵权事实)

以上事实有等证据予以证实。(证据部分列举,写明证据的名称,关联性)

四、调查分析

承办人经调查后分析认为:(注明是否构成侵权及理由)

五、拟处理意见

此致

北京市朝阳区律协权益保障委员会

承办人:(签名)

承办人:(签名)

年　月　日

17. 维护律师执业权利案件结案报告

北京市朝阳区律师协会

维护律师执业权利案件结案报告

京朝权保维案结字[ ]第号

北京市朝阳区律师协会：

权益保障委员会于 年 月 日立案的京朝维字[ ]第号维护执业权利案件现已办理结案，现将有关情况报告如下：

一、侵权事由

（简述维权申请人的侵权事由）

二、立案情况

（简述立案情况、案号、负责调查人员姓名等情况）

三、调查情况

（简述调查事实及证据情况）

四、调查分析

（分析是否构成侵权事件）

五、维权开展情况

（如何开展维权工作，不属于维权案件，此节略去）

六、处理意见

（维权案件处理结果及取得经验等）

北京市朝阳区律师协会权益保障委员会

年 月 日

18. 维护律师执业权利案件结果通知书

北京市朝阳区律师协会

维护律师 执业权利案件结果通知书

[ ]京朝律维通字第 号

（维权申请人名称）：

你于 年 月 日，以为由，以 方式向律师协会申请维护执业权利案件，本律师协会于 年 月 日立案调查，现该案已办理终结。特通知如下：

权保保障委员会认为：

1.

2.

3.

现将此结果予以告知。

北京市朝阳区律师协会

年 月 日

本人已于年月日收到该通知书。

维权申请人签名：

注：本通知书一式二份，一份交维权申请人，一份权保委存档。

第三部分　维权案例

1. 维护律师会见权案件

A 律师事务所律师外省会见受阻事件

一、律师执业权利被侵害情况

2018 年 5 月 30 日，北京市律师协会维权中心收到 A 律师事务所王律师、叶律师维权申请。两位律师反映，他们在承办犯罪嫌疑人叶某涉嫌合同诈骗罪一案中，去辽宁省沈阳市 × × 分局会见嫌疑人，以不合理理由不让会见犯罪嫌疑人。

二、维权过程

北京市律师协会维权中心认为维权申请符合受理条件，迅速启动维权程序，先后联系辽宁省律师协会和案件承办律师了解情况，并向全国律师协会请求协调了解情况。

三、维权结果

在北京市律师协会和辽宁省律师协会的协调努力下，办案律师于 2018 年 6 月 1 日顺利会见了犯罪嫌疑人，律师会见权得到维护。王律师和叶律师对辽宁省律师协会和北京市律师维权中心付出的努力表示感谢。

B 律师事务所律师外省会见受阻事件

一、律师执业权利被侵害情况

2018 年 3 月 19 日，北京市律师协会维权中心收到 B 律师事务所靳律师的维权申请。靳律师反映其在承办犯罪嫌疑人张某涉嫌开设赌场罪一案中，去郑州市 × × 看守所会见嫌疑人，按看守所系统和程序办理完会见手续之后，被民警告知不能会见，原因是办案人员提审。因会见受阻，请求维权。

二、维权过程

北京市律师协会维权中心认为该申请符合受理条件，迅速启动维权程序，先后联系了河南省律师协会和靳律师本人了解情况，河南省律师协会多次与郑州××看守所联系沟通。

三、维权结果

在北京市律师协会和河南省律师协会的协调努力下，河南省律师协会多次与看守所联系沟通，靳律师于2018年4月16日成功会见了犯罪嫌疑人，律师会见权得到维护。靳律师对河南省律师协会和北京市律师维权中心表示由衷的感谢。

C律师事务所律师外省会见受阻事件

一、律师执业权利被侵害情况

2018年7月30日，北京市律师协会维权中心收到C律师事务所肖律师的维权申请。肖律师反映，其在河南省南阳市××看守所会见犯罪嫌疑人时受阻。

二、维权过程

北京市律师协会维权中心认为该申请符合受理条件，迅速启动维权程序，先后联系了河南省律师协会和肖律师本人了解情况，河南省律师协会与看守所积极联系并进行了沟通。

三、维权结果

在北京市律师协会和河南省律师协会的协调努力下，经过河南省律师协会与看守所联系沟通，肖律师于2018年8月16日成功会见了犯罪嫌疑人，律师会见权利得到维护。肖律师对河南省律师协会和北京市律师维权中心付出的努力表示由衷的感谢。

2. 维护律师人身安全案件

D律师事务所律师被恐吓事件

一、律师执业权利被侵害情况

2018年4月11日,D律师事务所王律师向北京市朝阳区律师协会律师维权中心反映,近日其在涿州××法庭开庭后,遭对方当事人追逐,阻挠其代理案件参加之后庭审,执业权利受到侵害,人身生命安全受到威胁。尽管××法庭对王律师采取了保护措施,但未能制止对方当事人在庭后、庭外对王律师的骚扰与恐吓。

二、维权过程

北京市朝阳区律师协会律师维权中心第一时间启动维权机制,联系保定市律师协会协助维护律师执业权利。2018年5月3日,北京市朝阳区律师协会权保委派员陪同旁听当日的庭审。在庭审前,经与对方当事人交流,可以证实其的确追逐过王律师,法官也对其进行警示教育。当天庭审顺利进行,庭后北京市朝阳区律师协会权保委员陪同王律师顺利离开。

三、维权结果

经过北京市朝阳区律师协会和保定市律师协会的快速反应和积极协调,律师的执业权利和人身安全自由得到及时有效保障。王律师对保定市律师协会和北京市朝阳区律师维权中心表示由衷的感谢。

E律师事务所律师法院外被袭击事件

一、律师执业权利被侵害情况

2017年3月31日,北京市律师协会维权中心接到上海市律师协会来电反映,E律师事务所王律师,在北京市朝阳区××法庭为一起非法吸收公众存款案被告人作辩护。庭审结束后,在法庭外被对方当事人殴打并抢走其手机、案卷材料等物品。××法庭法警及时出面制止，将双方隔离。王律师随后报警，朝阳区××派出所出警并把王律师带离现场。

二、维权过程

北京市律师协会维权中心工作人员在接到反映后，第一时间上报北京市律师协会主管领导，维权中心小组成员迅速制定维权方案，启动市区两级维权协作机制。北京市朝阳区律师协会权保委组织三名权保委员火速赶赴现场协助处理相关事宜。北京市律师协会维权中心工作人员一直与上海市律师协会保持积极联络，及时通报案件进展情况。北京市律师协会维权中心一直派专人负责，持续跟踪，时刻关注事态进展。北京市朝阳区律师协会与××派出所进行沟通，表达对此事的关切，希望受案派出所根据事实情况依法依规处理，维护律师执业权益。

三、维权结果

公安机关对此事以涉嫌抢劫罪正式立案，同时出具伤情诊断证明信。对方当事人也认识到了自身行为的严重性，将所抢物品交还律师。律师执业权益得到了维护，人身安全得到了保障。2017 年 4 月 1 日，北京市律师协会维权中心工作人员再次致电王律师，询问伤势情况和案件进展，并表示后续如有需要，可以随时联系北京市律师协会。王律师对北京市律师协会和北京市朝阳区律师协会对此次维权事件的快速反应和及时处理表示感谢。

F 律师事务所律师人身权被侵犯事件

一、律师执业权利被侵害情况

2017 年 8 月 31 日中午，F 律师事务所葛律师在其校友微信群里发布消息，称自己去法院立案，停车时与保安发生争议，其报警后被带往北京市××派出所，请予关注。该信息被第二届朝阳区律师协会王清友会长知晓。

二、维权过程

王清友会长立即通知北京市朝阳区协会维权中心副主任联系处理。北京市朝阳区维权中心当即安排一名委员前往××派出所看望葛律师并了解情况，并由一名副主任同时前往 F 律师事务所了解情况。当晚，F 律师事务所主任联系维权中心，提出葛律师在派出所被打且被使用了手铐。北京市朝阳区协会维权中心当即联系了××公安局法制部门，通报了这一情况，希望关注并了解。

三、维权结果

2017 年 9 月 2 日，××派出所派员前往 F 律师事务所当面向葛律师致歉。9 月 4 日，北京市朝阳区律师协会维权中心派员陪同葛律师前往××公安分局观看事发录像。公安机关向葛律师告知已对当事警察给予了行政告诫，并对××派出所给予督查处理。

G 律师事务所律师开庭时被殴打事件

一、律师执业权利被侵害情况

2017 年 8 月 30 日，G 律师事务所丁律师致电北京市律师协会维权中心，反映其在××审判区代理一起夫妻共同债务诉讼时，遭到被告掌掴。丁律师被袭击后，当庭法官及时派法警制止被告并休庭，同时建议丁律师报警。警察出警后，经调查核实，确认被告为军人，因涉及管辖问题，警方第一时间联系被告单位××保卫处，该保卫处领导赶到派出所，对丁律师保证会严肃处理此事，并将于 8 月 31 日给予答复。

二、维权过程

北京市律师协会维权中心认为该申请符合受理条件，迅速启动市区两级维权程序，要求北京市朝阳区律师协会权保委迅速派人赶赴现场了解情况。北京市朝阳区权保委胡律师第一时间联系丁律师及其所在律所，并赶赴××审判区向当庭法官了解情况，调取视频监控资料。北京市朝阳区律师协会权保委同时联系××保卫处，督促其积极处理此事件。

三、维权结果

通过北京市律师协会和北京市朝阳区律师协会的维权工作，2017 年 8 月 31 日，打人者正式向丁律师道歉，并保证以后不会发生此种情况。丁律师对此表示谅解，同时希望市区两级律师协会协调法院加强对律师人身安全的保护措施，避免再出现类似情况。

3. 维护律师执业权利案件

H 律师事务所律师外省执业权受侵犯事件

一、律师执业权利被侵害情况

2018 年 6 月 20 日，北京市律师协会维权中心收到 H 律师事务所毕律师的维权申请。毕律师反映，其接受山东省 × ×村 11 户村民的委托，代理集体土地房屋拆迁案件。在沟通和调解中，律师受到 × ×街道办工作人员构陷律师诈骗、虚假承诺等威胁，很有可能被要求配合调查而不能参与第二天案件的庭审，律师执业代理权利受到侵害，故向北京市律师协会寻求帮助。

二、维权过程

北京市律师协会维权中心认为该申请符合受理条件，迅速启动维权程序，先后联系了山东省律师协会和毕律师本人了解情况，山东省司法厅、山东省律师协会多次与当地有关部门沟通联系，寻求帮助。

三、维权结果

在北京市律师协会和山东司法厅、山东律师协会的协调努力下，经过山东省司法厅、山东省律师协会多次与当地有关部门沟通联系，庭审得以正常进行，律师执业权利受到维护。毕律师对北京市律师协会、山东省律师协会的及时回应并协助律师维护执业权益，表示由衷的感谢。

第四部分　法律法规

1. 中华人民共和国宪法
（摘录）

（2018 年 03 月 11 日　全国人民代表大会公告第 1 号）

第四十一条　中华人民共和国公民对于任何国家机关和国家工作人员，有提出批评和建议的权利；对于任何国家机关和国家工作人员的违法失职行为，有向有关国家机关提出申诉、控告或者检举的权利，但是不得捏造或者歪曲事实进行诬告陷害。

对于公民的申诉、控告或者检举，有关国家机关必须查清事实，负责处理。任何人不得压制和打击报复。

由于国家机关和国家工作人员侵犯公民权利而受到损失的人，有依照法律规定取得赔偿的权利。

2. 中华人民共和国刑事诉讼法
（摘录）

（2018 年 10 月 26 日　中华人民共和国主席令第 10 号）

第二十九条　审判人员、检察人员、侦查人员有下列情形之一的，应当自行回避，当事人及其法定代理人也有权要求他们回避：

（一）是本案的当事人或者是当事人的近亲属的；

（二）本人或者他的近亲属和本案有利害关系的；

（三）担任过本案的证人、鉴定人、辩护人、诉讼代理人的；

（四）与本案当事人有其他关系，可能影响公正处理案件的。

第三十条　审判人员、检察人员、侦查人员不得接受当事人及其委托的人的请客送礼，不得违反规定会见当事人及其委托的人。

审判人员、检察人员、侦查人员违反前款规定的，应当依法追究法律责任。当事人及其法定代理人有权要求他们回避。

第三十一条 审判人员、检察人员、侦查人员的回避,应当分别由院长、检察长、公安机关负责人决定;院长的回避,由本院审判委员会决定;检察长和公安机关负责人的回避,由同级人民检察院检察委员会决定。

对侦查人员的回避作出决定前,侦查人员不能停止对案件的侦查。

对驳回申请回避的决定,当事人及其法定代理人可以申请复议一次。

第三十二条 本章关于回避的规定适用于书记员、翻译人员和鉴定人。

辩护人、诉讼代理人可以依照本章的规定要求回避、申请复议。

第三十三条 犯罪嫌疑人、被告人除自己行使辩护权以外,还可以委托一至二人作为辩护人。下列的人可以被委托为辩护人:

(一)律师;

(二)人民团体或者犯罪嫌疑人、被告人所在单位推荐的人;

(三)犯罪嫌疑人、被告人的监护人、亲友。

正在被执行刑罚或者依法被剥夺、限制人身自由的人,不得担任辩护人。

被开除公职和被吊销律师、公证员执业证书的人,不得担任辩护人,但系犯罪嫌疑人、被告人的监护人、近亲属的除外。

第三十四条 犯罪嫌疑人自被侦查机关第一次讯问或者采取强制措施之日起,有权委托辩护人;在侦查期间,只能委托律师作为辩护人。被告人有权随时委托辩护人。

侦查机关在第一次讯问犯罪嫌疑人或者对犯罪嫌疑人采取强制措施的时候,应当告知犯罪嫌疑人有权委托辩护人。人民检察院自收到移送审查起诉的案件材料之日起三日以内,应当告知犯罪嫌疑人有权委托辩护人。人民法院自受理案件之日起三日以内,应当告知被告人有权委托辩护人。犯罪嫌疑人、被告人在押期间要求委托辩护人的,人民法院、人民检察院和公安机关应当及时转达其要求。

犯罪嫌疑人、被告人在押的,也可以由其监护人、近亲属代为委托辩护人。

辩护人接受犯罪嫌疑人、被告人委托后,应当及时告知办理案件的机关。

第三十五条 犯罪嫌疑人、被告人因经济困难或者其他原因没有委托辩护人的,本人及其近亲属可以向法律援助机构提出申请。对符合法律援助条件的,法律援助机构应当指派律师为其提供辩护。

犯罪嫌疑人、被告人是盲、聋、哑人,或者是尚未完全丧失辨认或者控制自己行为能力的精神病人，没有委托辩护人的，人民法院、人民检察院和公安机关应当通知法律援助机构指派律师为其提供辩护。

犯罪嫌疑人、被告人可能被判处无期徒刑、死刑，没有委托辩护人的，人民法院、人民检察院和公安机关应当通知法律援助机构指派律师为其提供辩护。

第三十六条　法律援助机构可以在人民法院、看守所等场所派驻值班律师。犯罪嫌疑人、被告人没有委托辩护人，法律援助机构没有指派律师为其提供辩护的，由值班律师为犯罪嫌疑人、被告人提供法律咨询、程序选择建议、申请变更强制措施、对案件处理提出意见等法律帮助。

人民法院、人民检察院、看守所应当告知犯罪嫌疑人、被告人有权约见值班律师，并为犯罪嫌疑人、被告人约见值班律师提供便利。

第三十七条　辩护人的责任是根据事实和法律，提出犯罪嫌疑人、被告人无罪、罪轻或者减轻、免除其刑事责任的材料和意见，维护犯罪嫌疑人、被告人的诉讼权利和其他合法权益。

第三十八条　辩护律师在侦查期间可以为犯罪嫌疑人提供法律帮助；代理申诉、控告；申请变更强制措施；向侦查机关了解犯罪嫌疑人涉嫌的罪名和案件有关情况，提出意见。

第三十九条　辩护律师可以同在押的犯罪嫌疑人、被告人会见和通信。其他辩护人经人民法院、人民检察院许可，也可以同在押的犯罪嫌疑人、被告人会见和通信。

辩护律师持律师执业证书、律师事务所证明和委托书或者法律援助公函要求会见在押的犯罪嫌疑人、被告人的，看守所应当及时安排会见，至迟不得超过四十八小时。

危害国家安全犯罪、恐怖活动犯罪案件，在侦查期间辩护律师会见在押的犯罪嫌疑人，应当经侦查机关许可。上述案件，侦查机关应当事先通知看守所。

辩护律师会见在押的犯罪嫌疑人、被告人，可以了解案件有关情况，提供法律咨询等；自案件移送审查起诉之日起，可以向犯罪嫌疑人、被告人核实有关证据。辩护律师会见犯罪嫌疑人、被告人时不被监听。

辩护律师同被监视居住的犯罪嫌疑人、被告人会见、通信，适用第一款、第三款、第四款的规定。

第四十条　辩护律师自人民检察院对案件审查起诉之日起，可以查阅、摘抄、复制本案的案卷材料。其他辩护人经人民法院、人民检察院许可，也可以查阅、摘抄、复制上述材料。

第四十一条 辩护人认为在侦查、审查起诉期间公安机关、人民检察院收集的证明犯罪嫌疑人、被告人无罪或者罪轻的证据材料未提交的，有权申请人民检察院、人民法院调取。

第四十二条 辩护人收集的有关犯罪嫌疑人不在犯罪现场、未达到刑事责任年龄、属于依法不负刑事责任的精神病人的证据，应当及时告知公安机关、人民检察院。

第四十三条 辩护律师经证人或者其他有关单位和个人同意，可以向他们收集与本案有关的材料，也可以申请人民检察院、人民法院收集、调取证据，或者申请人民法院通知证人出庭作证。

辩护律师经人民检察院或者人民法院许可，并且经被害人或者其近亲属、被害人提供的证人同意，可以向他们收集与本案有关的材料。

第四十四条 辩护人或者其他任何人，不得帮助犯罪嫌疑人、被告人隐匿、毁灭、伪造证据或者串供，不得威胁、引诱证人作伪证以及进行其他干扰司法机关诉讼活动的行为。

违反前款规定的，应当依法追究法律责任，辩护人涉嫌犯罪的，应当由办理辩护人所承办案件的侦查机关以外的侦查机关办理。辩护人是律师的，应当及时通知其所在的律师事务所或者所属的律师协会。

第四十五条 在审判过程中，被告人可以拒绝辩护人继续为他辩护，也可以另行委托辩护人辩护。

第四十六条 公诉案件的被害人及其法定代理人或者近亲属，附带民事诉讼的当事人及其法定代理人，自案件移送审查起诉之日起，有权委托诉讼代理人。自诉案件的自诉人及其法定代理人，附带民事诉讼的当事人及其法定代理人，有权随时委托诉讼代理人。

人民检察院自收到移送审查起诉的案件材料之日起三日以内，应当告知被害人及其法定代理人或者其近亲属、附带民事诉讼的当事人及其法定代理人有权委托诉讼代理人。人民法院自受理自诉案件之日起三日以内，应当告知自诉人及其法定代理人、附带民事诉讼的当事人及其法定代理人有权委托诉讼代理人。

第四十七条 委托诉讼代理人，参照本法第三十三条的规定执行。

第四十八条 辩护律师对在执业活动中知悉的委托人的有关情况和信息，有权予以保密。但是，辩护律师在执业活动中知悉委托人或者其他人，准备或者正在实施危害国家安全、公共安全以及严重危害他人人身安全的犯罪的，应当及时告知司法机关。

第四十九条 辩护人、诉讼代理人认为公安机关、人民检察院、人民法院及其工作人员阻碍其依法行使诉讼权利的，有权向同级或者上一级人民检察院申诉或者控告。人民检察院对申诉或者控告应当及时进行审查，情况属实的，通知有关机关予以纠正。

第五十八条 法庭审理过程中，审判人员认为可能存在本法第五十六条规定的以非法方法收集证据情形的，应当对证据收集的合法性进行法庭调查。

当事人及其辩护人、诉讼代理人有权申请人民法院对以非法方法收集的证据依法予以排除。申请排除以非法方法收集的证据的，应当提供相关线索或者材料。

第九十七条 犯罪嫌疑人、被告人及其法定代理人、近亲属或者辩护人有权申请变更强制措施。人民法院、人民检察院和公安机关收到申请后，应当在三日以内作出决定；不同意变更强制措施的，应当告知申请人，并说明不同意的理由。

第九十九条 人民法院、人民检察院或者公安机关对被采取强制措施法定期限届满的犯罪嫌疑人、被告人，应当予以释放、解除取保候审、监视居住或者依法变更强制措施。犯罪嫌疑人、被告人及其法定代理人、近亲属或者辩护人对于人民法院、人民检察院或者公安机关采取强制措施法定期限届满的，有权要求解除强制措施。

3.中华人民共和国民事诉讼法
（摘录）

（2017年06月27日　中华人民共和国主席令第71号）

第五十八条 当事人、法定代理人可以委托一至二人作为诉讼代理人。

下列人员可以被委托为诉讼代理人：

（一）律师、基层法律服务工作者；

（二）当事人的近亲属或者工作人员；

（三）当事人所在社区、单位以及有关社会团体推荐的公民。

第五十九条 委托他人代为诉讼，必须向人民法院提交由委托人签名或者盖章的授权委托书。

授权委托书必须记明委托事项和权限。诉讼代理人代为承认、放弃、变更诉讼请求，进行和解，提起反诉或者上诉，必须有委托人的特别授权。

侨居在国外的中华人民共和国公民从国外寄交或者托交的授权委托书，必须经中华人民共和国驻该国的使领馆证明；没有使领馆的，由与中华人民共和国有外交关系的第三国驻该国的使领馆证明，再转由中华人民共和国驻该第三国使领馆证明，或者由当地的爱国华侨团体证明。

第六十一条 代理诉讼的律师和其他诉讼代理人有权调查收集证据，可以查阅本案有关材料。查阅本案有关材料的范围和办法由最高人民法院规定。

4. 中华人民共和国行政诉讼法
（摘录）

（2017年06月27日　中华人民共和国主席令第71号）

第三十一条 当事人、法定代理人，可以委托一至二人作为诉讼代理人。

下列人员可以被委托为诉讼代理人：

（一）律师、基层法律服务工作者；

（二）当事人的近亲属或者工作人员；

（三）当事人所在社区、单位以及有关社会团体推荐的公民。

第三十二条 代理诉讼的律师，有权按照规定查阅、复制本案有关材料，有权向有关组织和公民调查，收集与本案有关的证据。对涉及国家秘密、商业秘密和个人隐私的材料，应当依照法律规定保密。

当事人和其他诉讼代理人有权按照规定查阅、复制本案庭审材料，但涉及国家秘密、商业秘密和个人隐私的内容除外。

5. 中华人民共和国刑法
（摘录）

（2017年11月04日　中华人民共和国主席令第80号）

第三百零六条　在刑事诉讼中，辩护人、诉讼代理人毁灭、伪造证据，帮助当事人毁灭、伪造证据，威胁、引诱证人违背事实改变证言或者作伪证的，处三年以下有期徒刑或者拘役；情节严重的，处三年以上七年以下有期徒刑。

辩护人、诉讼代理人提供、出示、引用的证人证言或者其他证据失实，不是有意伪造的，不属于伪造证据。

第三百零七条　以暴力、威胁、贿买等方法阻止证人作证或者指使他人作伪证的，处三年以下有期徒刑或者拘役；情节严重的，处三年以上七年以下有期徒刑。

帮助当事人毁灭、伪造证据，情节严重的，处三年以下有期徒刑或者拘役。

司法工作人员犯前两款罪的，从重处罚。

第三百零七条之一　以捏造的事实提起民事诉讼，妨害司法秩序或者严重侵害他人合法权益的，处三年以下有期徒刑、拘役或者管制，并处或者单处罚金；情节严重的，处三年以上七年以下有期徒刑，并处罚金。

单位犯前款罪的，对单位判处罚金，并对其直接负责的主管人员和其他直接责任人员，依照前款的规定处罚。

有第一款行为，非法占有他人财产或者逃避合法债务，又构成其他犯罪的，依照处罚较重的规定定罪从重处罚。

司法工作人员利用职权，与他人共同实施前三款行为的，从重处罚；同时构成其他犯罪的，依照处罚较重的规定定罪从重处罚。

第三百零八条　对证人进行打击报复的，处三年以下有期徒刑或者拘役；情节严重的，处三年以上七年以下有期徒刑。

第三百零八条之一　司法工作人员、辩护人、诉讼代理人或者其他诉讼参与人，泄露依法不公开审理的案件中不应当公开的信息，造成信息公开传播或者其他严重后果的，处三年以下有期徒刑、拘役或者管制，并处或者单处罚金。

有前款行为，泄露国家秘密的，依照本法第三百九十八条的规定定罪处罚。

公开披露、报道第一款规定的案件信息，情节严重的，依照第一款的规定处罚。

单位犯前款罪的，对单位判处罚金，并对其直接负责的主管人员和其他直接责任人员，依照第一款的规定处罚。

第三百零九条 有下列扰乱法庭秩序情形之一的，处三年以下有期徒刑、拘役、管制或者罚金：

（一）聚众哄闹、冲击法庭的；

（二）殴打司法工作人员或者诉讼参与人的；

（三）侮辱、诽谤、威胁司法工作人员或者诉讼参与人，不听法庭制止，严重扰乱法庭秩序的；

（四）有毁坏法庭设施，抢夺、损毁诉讼文书、证据等扰乱法庭秩序行为，情节严重的。

6. 中华人民共和国行政处罚法

（摘录）

（2017年09月01日　中华人民共和国主席令第76号）

第二章　行政处罚的种类和设定

第八条 行政处罚的种类：

（一）警告；

（二）罚款；

（三）没收违法所得、没收非法财物；

（四）责令停产停业；

（五）暂扣或者吊销许可证、暂扣或者吊销执照；

（六）行政拘留；

（七）法律、行政法规规定的其他行政处罚。

第九条 法律可以设定各种行政处罚。

限制人身自由的行政处罚，只能由法律设定。

第十条 行政法规可以设定除限制人身自由以外的行政处罚。

法律对违法行为已经作出行政处罚规定，行政法规需要作出具体规定的，必须在法律规定的给予行政处罚的行为、种类和幅度的范围内规定。

第十一条 地方性法规可以设定除限制人身自由、吊销企业营业执照以外的行政处罚。

法律、行政法规对违法行为已经作出行政处罚规定，地方性法规需要作出具体规定的，必须在法律、行政法规规定的给予行政处罚的行为、种类和幅度的范围内规定。

第十二条 国务院部、委员会制定的规章可以在法律、行政法规规定的给予行政处罚的行为、种类和幅度的范围内作出具体规定。

尚未制定法律、行政法规的，前款规定的国务院部、委员会制定的规章对违反行政管理秩序的行为，可以设定警告或者一定数量罚款的行政处罚。罚款的限额由国务院规定。

国务院可以授权具有行政处罚权的直属机构依照本条第一款、第二款的规定，规定行政处罚。

第十三条 省、自治区、直辖市人民政府和省、自治区人民政府所在地的市人民政府以及经国务院批准的较大的市人民政府制定的规章可以在法律、法规规定的给予行政处罚的行为、种类和幅度的范围内作出具体规定。

尚未制定法律、法规的，前款规定的人民政府制定的规章对违反行政管理秩序的行为，可以设定警告或者一定数量罚款的行政处罚。罚款的限额由省、自治区、直辖市人民代表大会常务委员会规定。

第十四条 除本法第九条、第十条、第十一条、第十二条以及第十三条的规定外，其他规范性文件不得设定行政处罚。

第五章 行政处罚的决定

第二节 一 般 程 序

第三十六条 除本法第三十三条规定的可以当场作出的行政处罚外，行政机关发现公民、法人或者其他组织有依法应当给予行政处罚的行为的，必须全面、客观、公正地调查，收集有关证据；必要时，依照法律、法规的规定，可以进行检查。

第三十七条 行政机关在调查或者进行检查时，执法人员不得少于两人，并应当向当事人或者有关人员出示证件。当事人或者有关人员应当如实回答询问，并协助调查或者检查，不得阻挠。询问或者检查应当制作笔录。

行政机关在收集证据时，可以采取抽样取证的方法；在证据可能灭失或者以后难以取得的情况下，经行政机关负责人批准，可以先行登记保存，并应当在七日内及时作出处理决定，在此期间，当事人或者有关人员不得销毁或者转移证据。

执法人员与当事人有直接利害关系的，应当回避。

第三十八条 调查终结，行政机关负责人应当对调查结果进行审查，根据不同情况，分别作出如下决定：

（一）确有应受行政处罚的违法行为的，根据情节轻重及具体情况，作出行政处罚决定；

（二）违法行为轻微，依法可以不予行政处罚的，不予行政处罚；

（三）违法事实不能成立的，不得给予行政处罚；

（四）违法行为已构成犯罪的，移送司法机关。

对情节复杂或者重大违法行为给予较重的行政处罚，行政机关的负责人应当集体讨论决定。

在行政机关负责人作出决定之前，应当由从事行政处罚决定审核的人员进行审核。行政机关中初次从事行政处罚决定审核的人员，应当通过国家统一法律职业资格考试取得法律职业资格。

第三十九条 行政机关依照本法第三十八条的规定给予行政处罚，应当制作行政处罚决定书。行政处罚决定书应当载明下列事项：

（一）当事人的姓名或者名称、地址；

（二）违反法律、法规或者规章的事实和证据；

（三）行政处罚的种类和依据；

（四）行政处罚的履行方式和期限；

（五）不服行政处罚决定，申请行政复议或者提起行政诉讼的途径和期限；

（六）作出行政处罚决定的行政机关名称和作出决定的日期。

行政处罚决定书必须盖有作出行政处罚决定的行政机关的印章。

第四十条 行政处罚决定书应当在宣告后当场交付当事人；当事人不在场的，行政机关应当在七日内依照民事诉讼法的有关规定，将行政处罚决定书送达当事人。

第四十一条　行政机关及其执法人员在作出行政处罚决定之前，不依照本法第三十一条、第三十二条的规定向当事人告知给予行政处罚的事实、理由和依据，或者拒绝听取当事人的陈述、申辩，行政处罚决定不能成立；当事人放弃陈述或者申辩权利的除外。

第三节　听 证 程 序

第四十二条　行政机关作出责令停产停业、吊销许可证或者执照、较大数额罚款等行政处罚决定之前，应当告知当事人有要求举行听证的权利；当事人要求听证的，行政机关应当组织听证。当事人不承担行政机关组织听证的费用。听证依照以下程序组织：

（一）当事人要求听证的，应当在行政机关告知后三日内提出；

（二）行政机关应当在听证的七日前，通知当事人举行听证的时间、地点；

（三）除涉及国家秘密、商业秘密或者个人隐私外，听证公开举行；

（四）听证由行政机关指定的非本案调查人员主持；当事人认为主持人与本案有直接利害关系的，有权申请回避；

（五）当事人可以亲自参加听证，也可以委托一至二人代理；

（六）举行听证时，调查人员提出当事人违法的事实、证据和行政处罚建议；当事人进行申辩和质证；

（七）听证应当制作笔录；笔录应当交当事人审核无误后签字或者盖章。

当事人对限制人身自由的行政处罚有异议的，依照治安管理处罚法有关规定执行。

第四十三条　听证结束后，行政机关依照本法第三十八条的规定，作出决定。

第五部分　规范性文件

1. 最高人民法院
关于适用《中华人民共和国刑事诉讼法》的解释
（摘录）

（2012年12月20日　法释〔2012〕21号）

第二章　回　避

第二十三条　审判人员具有下列情形之一的，应当自行回避，当事人及其法定代理人有权申请其回避：

（一）是本案的当事人或者是当事人的近亲属的；

（二）本人或者其近亲属与本案有利害关系的；

（三）担任过本案的证人、鉴定人、辩护人、诉讼代理人、翻译人员的；

（四）与本案的辩护人、诉讼代理人有近亲属关系的；

（五）与本案当事人有其他利害关系，可能影响公正审判的。

第二十四条　审判人员违反规定，具有下列情形之一的，当事人及其法定代理人有权申请其回避：

（一）违反规定会见本案当事人、辩护人、诉讼代理人的；

（二）为本案当事人推荐、介绍辩护人、诉讼代理人，或者为律师、其他人员介绍办理本案的；

（三）索取、接受本案当事人及其委托人的财物或者其他利益的；

（四）接受本案当事人及其委托人的宴请，或者参加由其支付费用的活动的；

（五）向本案当事人及其委托人借用款物的；

（六）有其他不正当行为，可能影响公正审判的。

第二十五条　参与过本案侦查、审查起诉工作的侦查、检察人员，调至人民法院工作的，不得担任本案的审判人员。

在一个审判程序中参与过本案审判工作的合议庭组成人员或者独任审判员，不得再参与本案其他程序的审判。但是，发回重新审判的案件，在第一审人民法院作出裁判后又进入第二审程序或者死刑复核程序的，原第二审程序或者死刑复核程序中的合议庭组成人员不受本款规定的限制。

第二十六条 人民法院应当依法告知当事人及其法定代理人有权申请回避，并告知其合议庭组成人员、独任审判员、书记员等人员的名单。

第二十七条 审判人员自行申请回避，或者当事人及其法定代理人申请审判人员回避的，可以口头或者书面提出，并说明理由，由院长决定。

院长自行申请回避，或者当事人及其法定代理人申请院长回避的，由审判委员会讨论决定。审判委员会讨论时，由副院长主持，院长不得参加。

第二十八条 当事人及其法定代理人依照刑事诉讼法第二十九条和本解释第二十四条规定申请回避，应当提供证明材料。

第二十九条 应当回避的审判人员没有自行回避，当事人及其法定代理人也没有申请其回避的，院长或者审判委员会应当决定其回避。

第三十条 对当事人及其法定代理人提出的回避申请，人民法院可以口头或者书面作出决定，并将决定告知申请人。

当事人及其法定代理人申请回避被驳回的，可以在接到决定时申请复议一次。不属于刑事诉讼法第二十八条、第二十九条规定情形的回避申请，由法庭当庭驳回，并不得申请复议。

第三十一条 当事人及其法定代理人申请出庭的检察人员回避的，人民法院应当决定休庭，并通知人民检察院。

第三十二条 本章所称的审判人员，包括人民法院院长、副院长、审判委员会委员、庭长、副庭长、审判员、助理审判员和人民陪审员。

第三十三条 书记员、翻译人员和鉴定人适用审判人员回避的有关规定，其回避问题由院长决定。

第三十四条 辩护人、诉讼代理人可以依照本章的有关规定要求回避、申请复议。

第三章 辩护与代理

第三十五条 人民法院审判案件，应当充分保障被告人依法享有的辩护权利。

被告人除自己行使辩护权以外，还可以委托辩护人辩护。下列人员不得担任辩护人：

（一）正在被执行刑罚或者处于缓刑、假释考验期间的人；

（二）依法被剥夺、限制人身自由的人；

（三）无行为能力或者限制行为能力的人；

（四）人民法院、人民检察院、公安机关、国家安全机关、监狱的现职人员；

（五）人民陪审员；

（六）与本案审理结果有利害关系的人；

（七）外国人或者无国籍人。

前款第四项至第七项规定的人员，如果是被告人的监护人、近亲属，由被告人委托担任辩护人的，可以准许。

第三十六条　审判人员和人民法院其他工作人员从人民法院离任后二年内，不得以律师身份担任辩护人。

审判人员和人民法院其他工作人员从人民法院离任后，不得担任原任职法院所审理案件的辩护人，但作为被告人的监护人、近亲属进行辩护的除外。

审判人员和人民法院其他工作人员的配偶、子女或者父母不得担任其任职法院所审理案件的辩护人，但作为被告人的监护人、近亲属进行辩护的除外。

第三十七条　律师，人民团体、被告人所在单位推荐的人，或者被告人的监护人、亲友被委托为辩护人的，人民法院应当核实其身份证明和授权委托书。

第三十八条　一名被告人可以委托一至二人作为辩护人。

一名辩护人不得为两名以上的同案被告人，或者未同案处理但犯罪事实存在关联的被告人辩护。

第三十九条　被告人没有委托辩护人的，人民法院自受理案件之日起三日内，应当告知其有权委托辩护人；被告人因经济困难或者其他原因没有委托辩护人的，应当告知其可以申请法律援助；被告人属于应当提供法律援助情形的，应当告知其将依法通知法律援助机构指派律师为其提供辩护。

告知可以采取口头或者书面方式。

第四十条　审判期间，在押的被告人要求委托辩护人的，人民法院应当在三日内向其监护人、近亲属或者其指定的人员转达要求。被告人应当提供有关人员的联系方式。有关人员无法通知的，应当告知被告人。

第四十一条　人民法院收到在押被告人提出的法律援助申请，应当在二十四小时内转交所在地的法律援助机构。

第四十二条 对下列没有委托辩护人的被告人,人民法院应当通知法律援助机构指派律师为其提供辩护:

(一)盲、聋、哑人;

(二)尚未完全丧失辨认或者控制自己行为能力的精神病人;

(三)可能被判处无期徒刑、死刑的人。

高级人民法院复核死刑案件,被告人没有委托辩护人的,应当通知法律援助机构指派律师为其提供辩护。

第四十三条 具有下列情形之一,被告人没有委托辩护人的,人民法院可以通知法律援助机构指派律师为其提供辩护:

(一)共同犯罪案件中,其他被告人已经委托辩护人;

(二)有重大社会影响的案件;

(三)人民检察院抗诉的案件;

(四)被告人的行为可能不构成犯罪;

(五)有必要指派律师提供辩护的其他情形。

第四十四条 人民法院通知法律援助机构指派律师提供辩护的,应当将法律援助通知书、起诉书副本或者判决书送达法律援助机构;决定开庭审理的,除适用简易程序审理的以外,应当在开庭十五日前将上述材料送达法律援助机构。

法律援助通知书应当写明案由、被告人姓名、提供法律援助的理由、审判人员的姓名和联系方式;已确定开庭审理的,应当写明开庭的时间、地点。

第四十五条 被告人拒绝法律援助机构指派的律师为其辩护,坚持自己行使辩护权的,人民法院应当准许。

属于应当提供法律援助的情形,被告人拒绝指派的律师为其辩护的,人民法院应当查明原因。理由正当的,应当准许,但被告人须另行委托辩护人;被告人未另行委托辩护人的,人民法院应当在三日内书面通知法律援助机构另行指派律师为其提供辩护。

第四十六条 审判期间,辩护人接受被告人委托的,应当在接受委托之日起三日内,将委托手续提交人民法院。

法律援助机构决定为被告人指派律师提供辩护的,承办律师应当在接受指派之日起三日内,将法律援助手续提交人民法院。

第四十七条 辩护律师可以查阅、摘抄、复制案卷材料。其他辩护人经人民法院许可，也可以查阅、摘抄、复制案卷材料。合议庭、审判委员会的讨论记录以及其他依法不公开的材料不得查阅、摘抄、复制。

辩护人查阅、摘抄、复制案卷材料的，人民法院应当提供方便，并保证必要的时间。

复制案卷材料可以采用复印、拍照、扫描等方式。

第四十八条　辩护律师可以同在押的或者被监视居住的被告人会见和通信。其他辩护人经人民法院许可，也可以同在押的或者被监视居住的被告人会见和通信。

第四十九条　辩护人认为在侦查、审查起诉期间公安机关、人民检察院收集的证明被告人无罪或者罪轻的证据材料未随案移送，申请人民法院调取的，应当以书面形式提出，并提供相关线索或者材料。人民法院接受申请后，应当向人民检察院调取。人民检察院移送相关证据材料后，人民法院应当及时通知辩护人。

第五十条　辩护律师申请向被害人及其近亲属、被害人提供的证人收集与本案有关的材料，人民法院认为确有必要的，应当签发准许调查书。

第五十一条　辩护律师向证人或者有关单位、个人收集、调取与本案有关的证据材料，因证人或者有关单位、个人不同意，申请人民法院收集、调取，或者申请通知证人出庭作证，人民法院认为确有必要的，应当同意。

第五十二条　辩护律师直接申请人民法院向证人或者有关单位、个人收集、调取证据材料，人民法院认为确有收集、调取必要，且不宜或者不能由辩护律师收集、调取的，应当同意。人民法院收集、调取证据材料时，辩护律师可以在场。

人民法院向有关单位收集、调取的书面证据材料，必须由提供人签名，并加盖单位印章；向个人收集、调取的书面证据材料，必须由提供人签名。

人民法院对有关单位、个人提供的证据材料，应当出具收据，写明证据材料的名称、收到的时间、件数、页数以及是否为原件等，由书记员或者审判人员签名。

收集、调取证据材料后，应当及时通知辩护律师查阅、摘抄、复制，并告知人民检察院。

第五十三条　本解释第五十条至第五十二条规定的申请，应当以书面形式提出，并说明理由，写明需要收集、调取证据材料的内容或者需要调查问题的提纲。

对辩护律师的申请，人民法院应当在五日内作出是否准许、同意的决定，并通知申请人;决定不准许、不同意的,应当说明理由。

第五十四条 人民法院自受理自诉案件之日起三日内,应当告知自诉人及其法定代理人、附带民事诉讼当事人及其法定代理人,有权委托诉讼代理人,并告知如果经济困难的,可以申请法律援助。

第五十五条 当事人委托诉讼代理人的,参照适用刑事诉讼法第三十二条和本解释的有关规定。

第五十六条 诉讼代理人有权根据事实和法律,维护被害人、自诉人或者附带民事诉讼当事人的诉讼权利和其他合法权益。

第五十七条 经人民法院许可,诉讼代理人可以查阅、摘抄、复制本案的案卷材料。

律师担任诉讼代理人,需要收集、调取与本案有关的证据材料的,参照适用本解释第五十一条至第五十三条的规定。

第五十八条 诉讼代理人接受当事人委托或者法律援助机构指派后,应当在三日内将委托手续或者法律援助手续提交人民法院。

第五十九条 辩护人、诉讼代理人复制案卷材料的,人民法院只收取工本费;法律援助律师复制必要的案卷材料的,应当免收或者减收费用。

第六十条 辩护律师向人民法院告知其委托人或者其他人准备实施、正在实施危害国家安全、公共安全以及严重危害他人人身安全犯罪的,人民法院应当记录在案,立即转告主管机关依法处理,并为反映有关情况的辩护律师保密。

2.人民法院法庭规则

(摘录)

(2016年04月13日　法释〔2016〕7号)

第六条 进入法庭的人员应当出示有效身份证件,并接受人身及携带物品的安全检查。

持有效工作证件和出庭通知履行职务的检察人员、律师可以通过专门通道进入法庭。需要安全检查的,人民法院对检察人员和律师平等对待。

3. 人民法院司法警察安全检查规则
（摘录）

（2004 年 05 月 24 日　法发〔2004〕14 号）

第六条　司法警察执行安全检查时：

（一）对公诉人、律师等依法出庭履行职务的人员，应进行有效证件查验和登记；

（二）对参加庭审活动的诉讼参与人、第三人和参加旁听的人员，在进行证件查验和登记的同时，还应进行人身安全检查、随身携带物品的安全检查。

4. 最高人民法院、司法部关于充分保障律师依法履行辩护职责确保死刑案件办理质量的若干规定

（2008 年 05 月 21 日）

为确保死刑案件的办理质量，根据《中华人民共和国刑事诉讼法》及相关法律、法规和司法解释的有关规定，结合人民法院刑事审判和律师辩护、法律援助工作的实际，现就人民法院审理死刑案件，律师依法履行辩护职责的具体问题规定如下：

一、人民法院对可能被判处死刑的被告人，应当根据刑事诉讼法的规定，充分保障其辩护权及其他合法权益，并充分保障辩护律师依法履行辩护职责。司法行政机关、律师协会应当加强对死刑案件辩护工作的指导，积极争取政府财政部门落实并逐步提高法律援助工作经费。律师办理死刑案件应当恪尽职守，切实维护被告人的合法权益。

二、被告人可能被判处死刑而没有委托辩护人的，人民法院应当通过法律援助机构指定律师为其提供辩护。被告人拒绝指定的律师为其辩护，有正当理由的，人民法院应当准许，被告人可以另行委托辩护人；被告人没有委托辩护人的，

人民法院应当通知法律援助机构为其另行指定辩护人;被告人无正当理由再次拒绝指定的律师为其辩护的,人民法院应当不予准许并记录在案。

三、法律援助机构在收到指定辩护通知书三日以内,指派具有刑事案件出庭辩护经验的律师担任死刑案件的辩护人。

四、被指定担任死刑案件辩护人的律师,不得将案件转由律师助理办理;有正当理由不能接受指派的,经法律援助机构同意,由法律援助机构另行指派其他律师办理。

五、人民法院受理死刑案件后,应当及时通知辩护律师查阅案卷,并积极创造条件,为律师查阅、复制指控犯罪事实的材料提供方便。

人民法院对承办法律援助案件的律师复制涉及被告人主要犯罪事实并直接影响定罪量刑的证据材料的复制费用,应当免收或者按照复制材料所必须的工本费减收。

律师接受委托或者被指定担任死刑案件的辩护人后,应当及时到人民法院阅卷;对于查阅的材料中涉及国家秘密、商业秘密、个人隐私、证人身份等情况的,应当保守秘密。

六、律师应当在开庭前会见在押的被告人,征询是否同意为其辩护,并听取被告人的陈述和意见。

七、律师书面申请人民法院收集、调取证据,申请通知证人出庭作证,申请鉴定或者补充鉴定、重新鉴定的,人民法院应当及时予以书面答复并附卷。

八、第二审开庭前,人民检察院提交新证据、进行重新鉴定或者补充鉴定的,人民法院应当至迟在开庭三日以前通知律师查阅。

九、律师出庭辩护应当认真做好准备工作,围绕案件事实、证据、适用法律、量刑、诉讼程序等,从被告人无罪、罪轻或者减轻、免除其刑事责任等方面提出辩护意见,切实保证辩护质量,维护被告人的合法权益。

十、律师接到人民法院开庭通知后,应当保证准时出庭。人民法院应当按时开庭。法庭因故不能按期开庭,或者律师确有正当理由不能按期出庭的,人民法院应当在不影响案件审理期限的情况下,另行安排开庭时间,并于开庭三日前通知当事人、律师和人民检察院。

十一、人民法院应当加强审判场所的安全保卫,保障律师及其他诉讼参与人的人身安全,确保审判活动的顺利进行。

十二、法官应当严格按照法定诉讼程序进行审判活动，尊重律师的诉讼权利，认真听取控辩双方的意见，保障律师发言的完整性。对于律师发言过于冗长、明显重复或者与案件无关，或者在公开开庭审理中发言涉及国家秘密、个人隐私，或者进行人身攻击的，法官应当提醒或者制止。

十三、法庭审理中，人民法院应当如实、详细地记录律师意见。法庭审理结束后，律师应当在闭庭三日以内向人民法院提交书面辩护意见。

十四、人民法院审理被告人可能被判处死刑的刑事附带民事诉讼案件，在对赔偿事项进行调解时，律师应当在其职责权限范围内，根据案件和当事人的具体情况，依法提出有利于案件处理、切实维护当事人合法权益的意见，促进附带民事诉讼案件调解解决。

十五、人民法院在裁判文书中应当写明指派律师担任辩护人的法律援助机构、律师姓名及其所在的执业机构。对于律师的辩护意见，合议庭、审判委员会在讨论案件时应当认真进行研究，并在裁判文书中写明采纳与否的理由。

人民法院应当按照有关规定将裁判文书送达律师。

十六、人民法院审理案件过程中，律师提出会见法官请求的，合议庭根据案件具体情况，可以在工作时间和办公场所安排会见、听取意见。会见活动，由书记员制作笔录，律师签名后附卷。

十七、死刑案件复核期间，被告人的律师提出当面反映意见要求或者提交证据材料的，人民法院有关合议庭应当在工作时间和办公场所接待，并制作笔录附卷。律师提出的书面意见，应当附卷。

十八、司法行政机关和律师协会应当加强对律师的业务指导和培训，以及职业道德和执业纪律教育，不断提高律师办理死刑案件的质量，并建立对律师从事法律援助工作的考核机制。

5. 最高人民法院关于依法切实保障律师诉讼权利的规定

（2015 年 12 月 29 日　法发〔2015〕16 号）

为深入贯彻落实全面推进依法治国战略，充分发挥律师维护当事人合法权益、促进司法公正的积极作用，切实保障律师诉讼权利，根据中华人民共和国刑事诉讼法、民事诉讼法、行政诉讼法、律师法和《最高人民法院、最高人民检察院、公安部、国家安全部、司法部关于依法保障律师执业权利的规定》，作出如下规定：

一、依法保障律师知情权。人民法院要不断完善审判流程公开、裁判文书公开、执行信息公开“三大平台”建设，方便律师及时获取诉讼信息。对诉讼程序、诉权保障、调解和解、裁判文书等重要事项及相关进展情况，应当依法及时告知律师。

二、依法保障律师阅卷权。对律师申请阅卷的，应当在合理时间内安排。案卷材料被其他诉讼主体查阅的，应当协调安排各方阅卷时间。律师依法查阅、摘抄、复制有关卷宗材料或者查看庭审录音录像的，应当提供场所和设施。有条件的法院，可提供网上卷宗查阅服务。

三、依法保障律师出庭权。确定开庭日期时，应当为律师预留必要的出庭准备时间。因特殊情况更改开庭日期的，应当提前三日告知律师。律师因正当理由请求变更开庭日期的，法官可在征询其他当事人意见后准许。律师带助理出庭的，应当准许。

四、依法保障律师辩论、辩护权。法官在庭审过程中应合理分配诉讼各方发问、质证、陈述和辩论、辩护的时间，充分听取律师意见。除律师发言过于重复、与案件无关或者相关问题已在庭前达成一致等情况外，不应打断律师发言。

五、依法保障律师申请排除非法证据的权利。律师申请排除非法证据并提供相关线索或者材料，法官经审查对证据收集合法性有疑问的，应当召开庭前会议或者进行法庭调查。经审查确认存在法律规定的以非法方法收集证据情形的，对有关证据应当予以排除。

六、依法保障律师申请调取证据的权利。律师因客观原因无法自行收集证据的，可以依法向人民法院书面申请调取证据。律师申请调取证据符合法定条件的，法官应当准许。

七、依法保障律师的人身安全。案件审理过程中出现当事人矛盾激化，可能危及律师人身安全情形的，应当及时采取必要措施。对在法庭上发生的殴打、威胁、侮辱、诽谤律师等行为，法官应当及时制止，依法处置。

八、依法保障律师代理申诉的权利。对律师代理当事人对案件提出申诉的，要依照法律规定的程序认真处理。认为原案件处理正确的，要支持律师向申诉人做好释法析理、息诉息访工作。

九、为律师依法履职提供便利。要进一步完善网上立案、缴费、查询、阅卷、申请保全、提交代理词、开庭排期、文书送达等功能。有条件的法院要为参加庭审的律师提供休息场所,配备桌椅、饮水及其他必要设施。

十、完善保障律师诉讼权利的救济机制。要指定专门机构负责处理律师投诉,公开联系方式,畅通投诉渠道。对投诉要及时调查,依法处理,并将结果及时告知律师。对司法行政机关、律师协会就维护律师执业权利提出的建议,要及时予以答复。

6. 最高人民检察院关于充分发挥检察职能作用深入开展扫黑除恶专项斗争的通知(摘要)

(2018 年)

一、提升政治站位,切实增强责任感、使命感、敢于担当,全力投入扫黑除恶专项斗争

二、运用法治思维和法治方式,突出打击重点,全面履行检察职能,确保依法、准确、有力惩处黑恶势力犯罪

1. 准确把握法律政策界限。一要贯彻依法严惩方针,正确运用法律规定,加大对黑恶势力犯罪及其“保护伞”的惩处力度。二要坚持宽严相济刑事政策。三要正确把握“打早打小”与“打准打实”的关系。四要依法加大惩处“保护伞”的力度。五要正确适用法律,防止机械执法。

2. 突出打击重点。要贯彻落实《指导意见》,依法、准确、有力惩处黑恶势力犯罪,特别是严厉打击“村霸”、宗族恶势力、“保护伞”以及“软暴力”等犯罪,不断增强人民群众获得感、幸福感、安全感。要将中共中央国务院《通知》《指导意见》规定的威胁政治安全、把持基层政权、利用宗族家族势力横行乡里、煽动村民闹事、强揽工程、欺行霸市、操纵经营黄赌毒、非法高利放贷、插手民间纠纷、组织或雇佣“水军”网上威胁、恐吓、侮辱、诽谤、滋扰、跨国跨境等黑恶势力犯罪确定为打击重点。

3. 严格依法办案。要适应以审判为中心的刑事诉讼制度改革要求,切实增强证据意识,严格依法办理每一起涉黑涉恶案件,坚持公检法三机关分工负责,互相配合，互相制约，切实把好案件事实关、证据关、程序关和法律适用关，及时查明犯罪事实，正确适用法律，贯彻宽严相济刑事政策，实现政治效果、法律效果和社会效果的统一。

三、完善工作机制，加强调研指导，强化部门联动，形成扫黑除恶强大合力

1. 落实重大复杂敏感案件及时请示报告制度。

2. 加强调查研究、工作指导和挂牌督办。

3. 加强职能部门联动作战。

4. 坚持系统治理、源头治理、坚决铲除黑恶势力滋生蔓延的土壤。

四、加强组织领导和督促检查，充分发动和依靠群众，确保扫黑除恶专项斗争取得良好政治效果、法律效果和社会效果

1. 切实加强组织领导和督促检查。各级检察机关要按照中央的统一部署，在当地扫黑除恶专项斗争领导小组的领导下，建立相应组织领导机构，对积极参加与扫黑除恶专项斗争做出具体安排，制定实施方案，并在人员、经费、装备、基础设施等方面提供有力保障。

2. 加强法制宣传教育，充分发动和依靠群众，为扫黑除恶专项斗争营造良好的社会环境。要善于把党的群众优势转化为扫黑除恶专项斗争的工作优势，积极探索新形势下坚持转群结合、依靠群众的新途径新办法，最大限度把群众达动起来，打一场扫黑除恶的人民战争。

7. 国家监察委员会、最高人民法院、最高人民检察院等关于在扫黑除恶专项斗争中分工负责、互相配合、互相制约严惩公职人员涉黑涉恶违法犯罪问题的通知

（2019 年 10 月 20 日）

为认真贯彻党中央关于开展扫黑除恶专项斗争的重大决策部署，全面落实习近平总书记关于扫黑除恶与反腐败结合起来，与基层“拍蝇”结合起来的重要批示指示精神，进一步规范和加强各级监察机关、人民法院、人民检察院、公安机关、司法行政机关在惩治公职人员涉黑涉恶违法犯罪中的协作配合，推动扫黑除恶专项斗争取得更大成效，根据刑法、刑事诉讼法、监察法及最高人民法院、最高人民检

察院、公安部、司法部《关于办理黑恶势力犯罪若干问题的指导意见》的规定，现就有关问题通知如下：

一、总体要求

1. 进一步提升政治站位。坚持以习近平新时代中国特色社会主义思想为指导，从增强“四个意识”、坚定“四个自信”、做到“两个维护”的政治高度，立足党和国家工作大局，深刻认识和把握开展扫黑除恶专项斗争的重大意义。深挖黑恶势力滋生根源，铲除黑恶势力生存根基，严惩公职人员涉黑涉恶违法犯罪，除恶务尽，切实维护群众利益，进一步净化基层政治生态，推动扫黑除恶专项斗争不断向纵深发展，推进全面从严治党不断向基层延伸。

2. 坚持实事求是。坚持以事实为依据，以法律为准绳，综合考虑行为人的主观故意、客观行为、具体情节和危害后果，以及相关黑恶势力的犯罪事实、犯罪性质、犯罪情节和对社会的危害程度，准确认定问题性质，做到不偏不倚、不枉不纵。坚持惩前毖后、治病救人方针，严格区分罪与非罪的界限，区别对待、宽严相济。

3. 坚持问题导向。找准扫黑除恶与反腐“拍蝇”工作的结合点，聚焦涉黑涉恶问题突出、群众反映强烈的重点地区、行业和领域，紧盯农村和城乡结合部，紧盯建筑工程、交通运输、矿产资源、商贸集市、渔业捕捞、集资放贷等涉黑涉恶问题易发多发的行业和领域，紧盯村“两委”、乡镇基层站所及其工作人员，严肃查处公职人员涉黑涉恶违法犯罪行为。

二、严格查办公职人员涉黑涉恶违法犯罪案件

4. 各级监察机关、人民法院、人民检察院、公安机关应聚焦黑恶势力违法犯罪案件及坐大成势的过程，严格查办公职人员涉黑涉恶违法犯罪案件。重点查办以下案件：公职人员直接组织、领导、参与黑恶势力违法犯罪活动的案件；公职人员包庇、纵容、支持黑恶势力犯罪及其他严重刑事犯罪的案件；公职人员收受贿赂、滥用职权，帮助黑恶势力人员获取公职或政治荣誉，侵占国家和集体资金、资源、资产，破坏公平竞争秩序，或为黑恶势力提供政策、项目、资金、金融信贷等支持帮助的案件；负有查禁监管职责的国家机关工作人员滥用职权、玩忽职守帮助犯罪分子逃避处罚的案件；司法工作人员徇私枉法、民事枉法裁判、执行判决裁定失职或滥用职权、私放在押人员以及徇私舞弊减刑、假释、暂予监外执行的案件；在扫黑除恶专项斗争中发生的公职人员滥用职权，徇私舞弊，包庇、阻碍查处黑恶势力犯罪的案件，以及泄露国家秘密、商业秘密、工作秘密，为犯罪分子通风报信的案件；公职人员利用职权打击报复办案人员的案件。

公职人员的范围，根据《中华人民共和国监察法》第十五条的规定认定。

5. 以上情形，由有关机关依规依纪依法调查处置，涉嫌犯罪的，依法追究刑事责任。

三、准确适用法律

6. 国家机关工作人员包庇黑社会性质的组织，或者纵容黑社会性质的组织进行违法犯罪活动的，以包庇、纵容黑社会性质组织罪定罪处罚。

国家机关工作人员既组织、领导、参加黑社会性质组织，又对该组织进行包庇、纵容的，应当以组织、领导、参加黑社会性质组织罪从重处罚。

国家机关工作人员包庇、纵容黑社会性质组织，该包庇、纵容行为同时还构成包庇罪、伪证罪、妨害作证罪、徇私枉法罪、滥用职权罪、帮助犯罪分子逃避处罚罪、徇私舞弊不移交刑事案件罪，以及徇私舞弊减刑、假释、暂予监外执行罪等其他犯罪的，应当择一重罪处罚。

7. 非国家机关工作人员与国家机关工作人员共同包庇、纵容黑社会性质组织，且不属于该组织成员的，以包庇、纵容黑社会性质组织罪的共犯论处。非国家机关工作人员的行为同时还构成其他犯罪，应当择一重罪处罚。

8. 公职人员利用职权或职务便利实施包庇、纵容黑恶势力、伪证、妨害作证，帮助毁灭、伪造证据，以及窝藏、包庇等犯罪行为的，应酌情从重处罚。事先有通谋而实施支持帮助、包庇纵容等保护行为的，以具体犯罪的共犯论处。

四、形成打击公职人员涉黑涉恶违法犯罪的监督制约、配合衔接机制

9. 监察机关、公安机关、人民检察院、人民法院在查处、办理公职人员涉黑涉恶违法犯罪案件过程中，应当分工负责，互相配合，互相制约，通过对办理的黑恶势力犯罪案件逐案筛查、循线深挖等方法，保证准确有效地执行法律，彻查公职人员涉黑涉恶违法犯罪。

10. 监察机关、公安机关、人民检察院、人民法院要建立完善查处公职人员涉黑涉恶违法犯罪重大疑难案件研判分析、案件通报等工作机制，进一步加强监察机关、政法机关之间的配合，共同研究和解决案件查处、办理过程中遇到的疑难问题，相互及时通报案件进展情况，进一步增强工作整体性、协同性。

11. 监察机关、公安机关、人民检察院、人民法院、司法行政机关要建立公职人员涉黑涉恶违法犯罪线索移送制度，对工作中收到、发现的不属于本单位管辖的公职人员涉黑涉恶违法犯罪线索，应当及时移送有管辖权的单位处置。

移送公职人员涉黑涉恶违法犯罪线索，按照以下规定执行：

(1)公安机关、人民检察院、人民法院、司法行政机关在工作中发现公职人员涉黑涉恶违法犯罪中的涉嫌贪污贿赂、失职渎职等职务违法和职务犯罪等应由监察机关管辖的问题线索，应当移送监察机关。

(2)监察机关在信访举报、监督检查、审查调查等工作中发现公职人员涉黑涉恶违法犯罪线索的，应当将其中涉嫌包庇、纵容黑社会性质组织犯罪等由公安机关管辖的案件线索移送公安机关处理。

(3)监察机关、公安机关、人民检察院、人民法院、司法行政机关在工作中发现司法工作人员涉嫌利用职权实施的侵犯公民权利、损害司法公正案件线索的，根据有关规定，经沟通后协商确定管辖机关。

12. 监察机关、公安机关、人民检察院接到移送的公职人员涉黑涉恶违法犯罪线索，应当按各自职责及时处置、核查，依法依规作出处理，并做好沟通反馈工作；必要时，可以与相关线索或案件并案处理。

对于重大疑难复杂的公职人员涉黑涉恶违法犯罪案件，监察机关、公安机关、人民检察院可以同步立案、同步查处，根据案件办理需要，相互移送相关证据，加强沟通配合，做到协同推进。

13. 公职人员涉黑涉恶违法犯罪案件中，既涉嫌贪污贿赂、失职渎职等严重职务违法或职务犯罪，又涉嫌公安机关、人民检察院管辖的违法犯罪的，一般应当以监察机关为主调查，公安机关、人民检察院予以协助。监察机关和公安机关、人民检察院分别立案调查(侦查)的，由监察机关协调调查和侦查工作。犯罪行为仅涉及公安机关、人民检察院管辖的，由有关机关依法按照管辖职能进行侦查。

14. 公安机关、人民检察院、人民法院对公职人员涉黑涉恶违法犯罪移送审查起诉、提起公诉、作出裁判，必要时听取监察机关的意见。

15. 公职人员涉黑涉恶违法犯罪案件开庭审理时，人民法院应当通知监察机关派员旁听，也可以通知涉罪公职人员所在单位、部门、行业以及案件涉及的单位、部门、行业等派员旁听。

8. 人民检察院刑事诉讼规则(试行)(摘录)

(2012 年 11 月 22 日　高检发释字〔2012〕2 号)

第三十三条　本规则关于回避的规定,适用于书记员、司法警察和人民检察院聘请或者指派的翻译人员、鉴定人。

书记员、司法警察和人民检察院聘请或者指派的翻译人员、鉴定人的回避由检察长决定。

辩护人、诉讼代理人可以依照刑事诉讼法及本规则关于回避的规定要求回避、申请复议。

第三十六条　人民检察院侦查部门在第一次开始讯问犯罪嫌疑人或者对其采取强制措施的时候,应当告知犯罪嫌疑人有权委托辩护人,并告知其如果经济困难或者其他原因没有聘请辩护人的,可以申请法律援助。对于属于刑事诉讼法第三十四条规定情形的,应当告知犯罪嫌疑人有权获得法律援助。

人民检察院自收到移送审查起诉的案件材料之日起三日以内,公诉部门应当告知犯罪嫌疑人有权委托辩护人,并告知其如果经济困难或者其他原因没有聘请辩护人的,可以申请法律援助。对于属于刑事诉讼法第三十四条规定情形的,应当告知犯罪嫌疑人有权获得法律援助。

告知可以采取口头或者书面方式。口头告知的,应当记入笔录,由被告知人签名;书面告知的,应当将送达回执入卷。

第三十七条　人民检察院办理直接受理立案侦查案件、审查逮捕案件和审查起诉案件,在押或者被指定居所监视居住的犯罪嫌疑人提出委托辩护人要求的,侦查部门、侦查监督部门和公诉部门应当及时向其监护人、近亲属或者其指定的人员转达其要求,并记录在案。

第三十八条　在侦查期间,犯罪嫌疑人只能委托律师作为辩护人。在审查起诉期间,犯罪嫌疑人可以委托律师作为辩护人,也可以委托人民团体或者所在单位推荐的人以及监护人、亲友作为辩护人。但下列人员不得被委托担任辩护人:

(一)人民法院、人民检察院、公安机关、国家安全机关、监狱的现职人员;

（二）人民陪审员；

（三）外国人或者无国籍人；

（四）与本案有利害关系的人；

（五）依法被剥夺、限制人身自由的人；

（六）处于缓刑、假释考验期间或者刑罚尚未执行完毕的人；

（七）无行为能力或者限制行为能力的人。

一名辩护人不得为两名以上的同案犯罪嫌疑人辩护，不得为两名以上的未同案处理但实施的犯罪相互关联的犯罪嫌疑人辩护。

本条第一款第一至四项规定的人员，如果是犯罪嫌疑人的近亲属或者监护人，并且不属于第一款第五至七项情形的，犯罪嫌疑人可以委托其担任辩护人。

第四十四条 辩护人接受委托后告知人民检察院或者法律援助机构指派律师后通知人民检察院的，人民检察院案件管理部门应当及时登记辩护人的相关信息，并将有关情况和材料及时通知、移交相关办案部门。

人民检察院案件管理部门对办理业务的辩护人，应当查验其律师执业证书、律师事务所证明和授权委托书或者法律援助公函。对其他辩护人、诉讼代理人，应当查验其身份证明和授权委托书。

第四十八条 自案件移送审查起诉之日起，律师以外的辩护人向人民检察院申请查阅、摘抄、复制本案的案卷材料或者申请同在押、被监视居住的犯罪嫌疑人会见和通信的，人民检察院公诉部门应当对申请人是否具备辩护人资格进行审查并提出是否许可的意见，在三日以内报检察长决定并书面通知申请人。

人民检察院许可律师以外的辩护人同在押或者被监视居住的犯罪嫌疑人通信的，可以要求看守所或者公安机关将书信送交人民检察院进行检查。

对于律师以外的辩护人申请查阅、摘抄、复制案卷材料或者申请同在押、被监视居住的犯罪嫌疑人会见和通信，具有下列情形之一的，人民检察院可以不予许可：

（一）同案犯罪嫌疑人在逃的；

（二）案件事实不清，证据不足，或者遗漏罪行、遗漏同案犯罪嫌疑人需要补充侦查的；

（三）涉及国家秘密或者商业秘密的；

（四）有事实表明存在串供、毁灭、伪造证据或者危害证人人身安全可能的。

第四十九条 辩护律师或者经过许可的其他辩护人到人民检察院查阅、摘抄、复制本案的案卷材料,由案件管理部门及时安排,由公诉部门提供案卷材料。因公诉部门工作等原因无法及时安排的,应当向辩护人说明,并安排辩护人自即日起三个工作日以内阅卷,公诉部门应当予以配合。

查阅、摘抄、复制案卷材料,应当在人民检察院设置的专门场所进行。必要时,人民检察院可以派员在场协助。

辩护人复制案卷材料可以采取复印、拍照等方式,人民检察院只收取必需的工本费用。对于承办法律援助案件的辩护律师复制必要的案卷材料的费用,人民检察院应当根据具体情况予以减收或者免收。

第五十条 案件移送审查逮捕或者审查起诉后,辩护人认为在侦查期间公安机关收集的证明犯罪嫌疑人无罪或者罪轻的证据材料未提交,申请人民检察院向公安机关调取的,人民检察院案件管理部门应当及时将申请材料送侦查监督部门或者公诉部门办理。经审查,认为辩护人申请调取的证据已收集并且与案件事实有联系的,应当予以调取;认为辩护人申请调取的证据未收集或者与案件事实没有联系的,应当决定不予调取并向辩护人说明理由。公安机关移送相关证据材料的,人民检察院应当在三日以内告知辩护人。

人民检察院办理直接立案侦查的案件,按照本条规定办理。

第五十一条 在人民检察院侦查、审查逮捕、审查起诉过程中,辩护人收集到有关犯罪嫌疑人不在犯罪现场、未达到刑事责任年龄、属于依法不负刑事责任的精神病人的证据,告知人民检察院的,人民检察院相关办案部门应当及时进行审查。

第五十四条 在人民检察院侦查、审查逮捕、审查起诉过程中,辩护人提出要求听取其意见的,案件管理部门应当及时联系侦查部门、侦查监督部门或者公诉部门对听取意见作出安排。辩护人提出书面意见的,案件管理部门应当及时移送侦查部门、侦查监督部门或者公诉部门。

第五十七条 辩护人、诉讼代理人认为公安机关、人民检察院、人民法院及其工作人员具有下列阻碍其依法行使诉讼权利的行为之一的,可以向同级或者上一级人民检察院申诉或者控告,控告检察部门应当接受并依法办理,相关办案部门应当予以配合:

(一)对辩护人、诉讼代理人提出的回避要求不予受理或者对不予回避决定不服的复议申请不予受理的；

（二）未依法告知犯罪嫌疑人、被告人有权委托辩护人的；

（三）未转达在押的或者被监视居住的犯罪嫌疑人、被告人委托辩护人的要求的；

（四）应当通知而不通知法律援助机构为符合条件的犯罪嫌疑人、被告人或者被申请强制医疗的人指派律师提供辩护或者法律援助的；

（五）在规定时间内不受理、不答复辩护人提出的变更强制措施申请或者解除强制措施要求的；

（六）未依法告知辩护律师犯罪嫌疑人涉嫌的罪名和案件有关情况的；

（七）违法限制辩护律师同在押、被监视居住的犯罪嫌疑人、被告人会见和通信的；

（八）违法不允许辩护律师查阅、摘抄、复制本案的案卷材料的；

（九）违法限制辩护律师收集、核实有关证据材料的；

（十）没有正当理由不同意辩护律师提出的收集、调取证据或者通知证人出庭作证的申请，或者不答复、不说明理由的；

（十一）未依法提交证明犯罪嫌疑人、被告人无罪或者罪轻的证据材料的；

（十二）未依法听取辩护人、诉讼代理人的意见的；

（十三）未依法将开庭的时间、地点及时通知辩护人、诉讼代理人的；

（十四）未依法向辩护人、诉讼代理人及时送达本案的法律文书或者及时告知案件移送情况的；

（十五）阻碍辩护人、诉讼代理人在法庭审理过程中依法行使诉讼权利的；

（十六）其他阻碍辩护人、诉讼代理人依法行使诉讼权利的。

辩护人、诉讼代理人认为看守所及其工作人员有阻碍其依法行使诉讼权利的行为，向人民检察院申诉或者控告的，监所检察部门应当接收并依法办理；控告检察部门收到申诉或者控告的，应当及时移送监所检察部门办理。

第五十八条　辩护人、诉讼代理人认为其依法行使诉讼权利受到阻碍向人民检察院申诉或者控告的，人民检察院应当在受理后十日以内进行审查，情况属实的，经检察长决定，通知有关机关或者本院有关部门、下级人民检察院予以纠正，并将处理情况书面答复提出申诉或者控告的辩护人、诉讼代理人。

第五十九条　辩护律师告知人民检察院其委托人或者其他人员准备实施、正在实施危害国家安全、公共安全以及严重危及他人人身安全犯罪的，人民检察院应当接受并立即移送有关机关依法处理。

人民检察院应当为反映有关情况的辩护律师保密。

第六十条 人民检察院发现辩护人有帮助犯罪嫌疑人、被告人隐匿、毁灭、伪造证据或者串供，或者威胁、引诱证人作伪证以及其他干扰司法机关诉讼活动的行为，可能涉嫌犯罪的，经检察长批准，应当按照下列规定办理：

（一）涉嫌犯罪属于公安机关管辖的，应当将辩护人涉嫌犯罪的线索或者证据材料移送同级公安机关按照有关规定处理；

（二）涉嫌犯罪属于人民检察院管辖的，应当报请上一级人民检察院立案侦查或者由上一级人民检察院指定其他人民检察院立案侦查。上一级人民检察院不得指定办理辩护人所承办案件的人民检察院的下级人民检察院立案侦查。

辩护人是律师的，被指定管辖的人民检察院应当在立案侦查的同时书面通知其所在的律师事务所或者所属的律师协会。

第七十四条 对于提起公诉的案件，被告人及其辩护人提出审前供述系非法取得，并提供相关线索或者材料的，人民检察院可以将讯问录音、录像连同案卷材料一并移送人民法院。

第七十五条 在法庭审理过程中，被告人或者辩护人对讯问活动合法性提出异议，公诉人可以要求被告人及其辩护人提供相关线索或者材料。必要时，公诉人可以提请法庭当庭播放相关时段的讯问录音、录像，对有关异议或者事实进行质证。

需要播放的讯问录音、录像中涉及国家秘密、商业秘密、个人隐私或者含有其他不宜公开的内容的，公诉人应当建议在法庭组成人员、公诉人、侦查人员、被告人及其辩护人范围内播放。因涉及国家秘密、商业秘密、个人隐私或者其他犯罪线索等内容，人民检察院对讯问录音、录像的相关内容作技术处理的，公诉人应当向法庭作出说明。

第八十六条 被羁押或者监视居住的犯罪嫌疑人及其法定代理人、近亲属或者辩护人向人民检察院申请取保候审，人民检察院应当在三日以内作出是否同意的答复。经审查符合本规则第八十三条规定情形之一的，对被羁押的犯罪嫌疑人依法办理取保候审手续；经审查不符合取保候审条件的，应当告知申请人，并说明不同意取保候审的理由。

第一百零八条 犯罪嫌疑人及其法定代理人、近亲属或者辩护人认为取保候审期限届满，向人民检察院提出解除取保候审要求的，人民检察院应当在三日以内审查决定。经审查认为法定期限届满的，经检察长批准后，解除取保候审；经审查未超过法定期限的，书面答复申请人。

第一百一十二条 对于特别重大贿赂犯罪案件决定指定居所监视居住的，人民检察院侦查部门应当自决定指定居所监视居住之日起每二个月对指定居所监视居住的必要性进行审查，没有必要继续指定居所监视居住或者案件已经办结的，应当解除指定居所监视居住或者变更强制措施。

犯罪嫌疑人及其法定代理人、近亲属或者辩护人认为不再具备指定居所监视居住条件的，有权向人民检察院申请变更强制措施。人民检察院应当在三日以内作出决定，经审查认为不需要继续指定居所监视居住的，应当解除指定居所监视居住或者变更强制措施；认为需要继续指定居所监视居住的，应当答复申请人并说明理由。

解除指定居所监视居住或者变更强制措施的，下级人民检察院侦查部门应当报送上一级人民检察院备案。

第一百四十七条 犯罪嫌疑人及其法定代理人、近亲属或者辩护人认为人民检察院采取强制措施法定期限届满，要求解除强制措施的，由人民检察院侦查部门或者公诉部门审查后报请检察长决定。人民检察院应当在收到申请后三日以内作出决定。

经审查，认为法定期限届满的，应当决定解除或者依法变更强制措施，并通知公安机关执行；认为未满法定期限的，书面答复申请人。

对于被羁押的犯罪嫌疑人解除或者变更强制措施的，侦查部门或者公诉部门应当及时通报本院监所检察部门和案件管理部门。

第一百四十八条 犯罪嫌疑人及其法定代理人、近亲属或者辩护人向人民检察院提出变更强制措施申请的，由人民检察院侦查部门或者公诉部门审查后报请检察长决定。人民检察院应当在收到申请后三日内作出决定。

经审查同意变更强制措施的，在作出决定的同时通知公安机关执行；不同意变更强制措施的，应当书面告知申请人，并说明不同意的理由。

对于被羁押的犯罪嫌疑人变更强制措施的，侦查部门或者公诉部门应当及时通报本院监所检察部门和案件管理部门。

犯罪嫌疑人及其法定代理人、近亲属或者辩护人提出变更强制措施申请的，应当说明理由，有证据和其他材料的，应当附上相关材料。

第三百六十四条 人民检察院审查案件，应当讯问犯罪嫌疑人，听取辩护人、被害人及其诉讼代理人的意见，并制作笔录附卷。

辩护人、被害人及其诉讼代理人提出书面意见的，应当附卷。

第三百六十五条 直接听取辩护人、被害人及其诉讼代理人的意见有困难的，可以通知辩护人、被害人及其诉讼代理人提出书面意见，在指定期限内未提出意见的，应当记录在案。

第四百一十三条 不起诉决定书应当送达被害人或者其近亲属及其诉讼代理人、被不起诉人及其辩护人以及被不起诉人的所在单位。送达时，应当告知被害人或者其近亲属及其诉讼代理人，如果对不起诉决定不服，可以自收到不起诉决定书后七日以内向上一级人民检察院申诉，也可以不经申诉，直接向人民法院起诉；告知被不起诉人，如果对不起诉决定不服，可以自收到不起诉决定书后七日以内向人民检察院申诉。

第四百二十九条 人民检察院在开庭审理前收到人民法院或者被告人及其辩护人、被害人、证人等送交的反映证据系非法取得的书面材料的，应当进行审查。对于审查逮捕、审查起诉期间已经提出并经查证不存在非法取证行为的，应当通知人民法院、有关当事人和辩护人，并按照查证的情况做好庭审准备。对于新的材料或者线索，可以要求侦查机关对证据收集的合法性进行说明或者提供相关证明材料，必要时可以自行调查核实。

第四百三十条 人民法院通知人民检察院派员参加庭前会议的，由出席法庭的公诉人参加，必要时配备书记员担任记录。

第四百三十一条 在庭前会议中，公诉人可以对案件管辖、回避、出庭证人、鉴定人、有专门知识的人的名单、辩护人提供的无罪证据、非法证据排除、不公开审理、延期审理、适用简易程序、庭审方案等与审判相关的问题提出和交换意见，了解辩护人收集的证据等情况。

对辩护人收集的证据有异议的，应当提出。

公诉人通过参加庭前会议，了解案件事实、证据和法律适用的争议和不同意见，解决有关程序问题，为参加法庭审理做好准备。

第四百三十二条 当事人、辩护人、诉讼代理人在庭前会议中提出证据系非法取得，人民法院认为可能存在以非法方法收集证据情形的，人民检察院可以对证据收集的合法性进行证明。需要调查核实的，在开庭审理前进行。

第四百五十三条　在法庭审理过程中，经审判长许可，公诉人可以逐一对正在调查的证据和案件情况发表意见，并同被告人、辩护人进行辩论。证据调查结束时，公诉人应当发表总结性意见。

在法庭辩论中，公诉人与被害人、诉讼代理人意见不一致的，公诉人应当认真听取被害人、诉讼代理人的意见，阐明自己的意见和理由。

第四百九十条第一款　在审查逮捕、审查起诉中，人民检察院应当讯问未成年犯罪嫌疑人，听取辩护人的意见，并制作笔录附卷。

第四百九十三条第一款　人民检察院作出附条件不起诉的决定后，应当制作附条件不起诉决定书，并在三日以内送达公安机关、被害人或者其近亲属及其诉讼代理人、未成年犯罪嫌疑人及其法定代理人、辩护人。

9. 人民检察院民事诉讼监督规则（试行）（摘录）

（2013年11月18日　高检发释字〔2013〕3号）

第十条　检察人员办理民事诉讼监督案件，应当依法秉公办案，自觉接受监督。

检察人员不得接受当事人及其诉讼代理人请客送礼，不得违反规定会见当事人及其诉讼代理人。

检察人员有收受贿赂、徇私枉法等行为的，应当追究法律责任。

第二十九条　当事人申请监督，可以依照《中华人民共和国民事诉讼法》的规定委托代理人。

第一百零七条　案件管理部门发现本院办案部门或者办案人员在办理民事诉讼监督案件中有下列情形之一的，应当及时提出纠正意见：

（一）法律文书使用不当或存在明显错漏的；

（二）无正当理由超过法定的办案期限未办结案件的；

（三）侵害当事人、诉讼代理人诉讼权利的；

（四）未依法对民事审判活动以及执行活动中的违法行为履行法律监督职

责的；

（五）其他违反规定办理案件的情形。

具有前款规定的情形但情节轻微的，可以向办案部门或者办案人员进行口头提示；情节较重的，应当向办案部门发送《案件流程监控通知书》，提示办案部门及时查明情况并予以纠正；情节严重的，应当向办案部门发送《案件流程监控通知书》，并向检察长报告。

办案部门收到《案件流程监控通知书》后，应当在五日内将核查情况书面回复案件管理部门。

第一百一十一条 人民检察院在办理民事诉讼监督案件过程中，当事人及其诉讼代理人提出有关申请、要求或者提交有关书面材料的，由案件管理部门负责接收，需要出具相关手续的，案件管理部门应当出具。案件管理部门接收材料后应当及时移送民事检察部门。

10. 最高人民检察院关于依法保障律师执业权利的规定

（2014年12月23日　高检发〔2014〕21号）

第一条 为了切实保障律师依法行使执业权利，严肃检察人员违法行使职权行为的责任追究，促进人民检察院规范司法，维护司法公正，根据《中华人民共和国刑事诉讼法》、《中华人民共和国民事诉讼法》、《中华人民共和国行政诉讼法》和《中华人民共和国律师法》等有关法律规定，结合工作实际，制定本规定。

第二条 各级人民检察院和全体检察人员应当充分认识律师在法治建设中的重要作用，认真贯彻落实各项法律规定，尊重和支持律师依法履行职责，依法为当事人委托律师和律师履职提供相关协助和便利，切实保障律师依法行使执业权利，共同维护国家法律统一、正确实施，维护社会公平正义。

第三条 人民检察院应当依法保障当事人委托权的行使。人民检察院在办理案件中应当依法告知当事人有权委托辩护人、诉讼代理人。对于在押或者被指定居所监视居住的犯罪嫌疑人提出委托辩护人要求的，人民检察院应当及时转达其要求。犯罪嫌疑人的监护人、近亲属代为委托辩护律师的，应当由犯罪嫌疑人确认委托关系。

人民检察院应当及时查验接受委托的律师是否具有辩护资格，发现有不得担任辩护人情形的，应当及时告知当事人、律师或者律师事务所解除委托关系。

第四条　人民检察院应当依法保障当事人获得法律援助的权利。对于符合法律援助情形而没有委托辩护人或者诉讼代理人的，人民检察院应当及时告知当事人有权申请法律援助，并依照相关规定向法律援助机构转交申请材料。人民检察院发现犯罪嫌疑人属于法定通知辩护情形的，应当及时通知法律援助机构指派律师为其提供辩护，对于犯罪嫌疑人拒绝法律援助的，应当查明原因，依照相关规定处理。

第五条　人民检察院应当依法保障律师在刑事诉讼中的会见权。人民检察院办理直接受理立案侦查案件，除特别重大贿赂犯罪案件外，其他案件依法不需要经许可会见。律师在侦查阶段提出会见特别重大贿赂案件犯罪嫌疑人的，人民检察院应当严格按照法律和相关规定及时审查决定是否许可，并在三日以内答复；有碍侦查的情形消失后，应当通知律师，可以不经许可会见犯罪嫌疑人；侦查终结前，应当许可律师会见犯罪嫌疑人。人民检察院在会见时不得派员在场，不得通过任何方式监听律师会见的谈话内容。

第六条　人民检察院应当依法保障律师的阅卷权。自案件移送审查起诉之日起，人民检察院应当允许辩护律师查阅、摘抄、复制本案的案卷材料；经人民检察院许可，诉讼代理人也可以查阅、摘抄、复制本案的案卷材料。人民检察院应当及时受理并安排律师阅卷，无法及时安排的，应当向律师说明并安排其在三个工作日以内阅卷。人民检察院应当依照检务公开的相关规定，完善互联网等律师服务平台，并配备必要的速拍、复印、刻录等设施，为律师阅卷提供尽可能的便利。律师查阅、摘抄、复制案卷材料应当在人民检察院设置的专门场所进行。必要时，人民检察院可以派员在场协助。

第七条　人民检察院应当依法保障律师在刑事诉讼中的申请收集、调取证据权。律师收集到有关犯罪嫌疑人不在犯罪现场、未达到刑事责任年龄、属于依法不负刑事责任的精神病人的证据，告知人民检察院的，人民检察院相关办案部门应当及时进行审查。

案件移送审查逮捕或者审查起诉后，律师依据刑事诉讼法第三十九条申请人民检察院调取侦查部门收集但未提交的证明犯罪嫌疑人无罪或者罪轻的证据材料的，人民检察院应当及时进行审查，决定是否调取。经审查，认为律师申请调取的证据未收集或者与案件事实没有联系决定不予调取的，人民检察院应当向律师说明理由。人民检察院决定调取后，侦查机关移送相关证据材料的，人民检察院应当在三日以内告知律师。

案件移送审查起诉后，律师依据刑事诉讼法第四十一条第一款的规定申请人民检察院收集、调取证据，人民检察院认为需要收集、调取证据的，应当决定收集、调取并制作笔录附卷；决定不予收集、调取的，应当书面说明理由。人民检察院根据律师的申请收集、调取证据时，律师可以在场。

律师向被害人或者其近亲属、被害人提供的证人收集与本案有关的材料，向人民检察院提出申请的，人民检察院应当在七日以内作出是否许可的决定。人民检察院没有许可的，应当书面说明理由。

第八条 人民检察院应当依法保障律师在诉讼中提出意见的权利。人民检察院应当主动听取并高度重视律师意见。法律未作规定但律师要求听取意见的，也应当及时安排听取。听取律师意见应当制作笔录，律师提出的书面意见应当附卷。对于律师提出不构成犯罪，罪轻或者减轻、免除刑事责任，无社会危险性，不适宜羁押，侦查活动有违法情形等书面意见的，办案人员必须进行审查，在相关工作文书中叙明律师提出的意见并说明是否采纳的情况和理由。

第九条 人民检察院应当依法保障律师在刑事诉讼中的知情权。律师在侦查期间向人民检察院了解犯罪嫌疑人涉嫌的罪名以及当时已查明的涉嫌犯罪的主要事实，犯罪嫌疑人被采取、变更、解除强制措施等情况的，人民检察院应当依法及时告知。办理直接受理立案侦查案件报请上一级人民检察院审查逮捕时，人民检察院应当将报请情况告知律师。案件侦查终结移送审查起诉时，人民检察院应当将案件移送情况告知律师。

第十条 人民检察院应当依法保障律师在民事、行政诉讼中的代理权。在民事行政检察工作中，当事人委托律师代理的，人民检察院应当尊重律师的权利，依法听取律师意见，认真审查律师提交的证据材料。律师根据当事人的委托要求参加人民检察院案件听证的，人民检察院应当允许。

第十一条 人民检察院应当切实履行对妨碍律师依法执业的法律监督职责。律师根据刑事诉讼法第四十七条的规定，认为公安机关、人民检察院、人民法院及其工作人员阻碍其依法行使诉讼权利，向同级或者上一级人民检察院申诉或者控告的，接受申诉或者控告的人民检察院控告检察部门应当在受理后十日以内进行审查，情况属实的，通知有关机关或者本院有关部门、下级人民检察院予以纠正，并将处理情况书面答复律师；情况不属实的，应当将办理情况书面答复律师，并做好说明解释工作。人民检察院在办案过程中发现有阻碍律师依法行使诉讼权利行为的，应当依法提出纠正意见。

第十二条　建立完善检察机关办案部门和检察人员违法行使职权行为记录、通报和责任追究制度。对检察机关办案部门或者检察人员在诉讼活动中阻碍律师依法行使会见权、阅卷权等诉讼权利的申诉或者控告，接受申诉或者控告的人民检察院控告检察部门应当立即进行调查核实，情节较轻的，应当提出纠正意见；具有违反规定扩大经许可会见案件的范围、不按规定时间答复是否许可会见等严重情节的，应当发出纠正通知书。通知后仍不纠正或者屡纠屡犯的，应当向纪检监察部门通报并报告检察长，由纪检监察部门依照有关规定调查处理，相关责任人构成违纪的给予纪律处分，并记入执法档案，予以通报。

第十三条　人民检察院应当主动加强与司法行政机关、律师协会和广大律师的工作联系，通过业务研讨、情况通报、交流会商、定期听取意见等形式，分析律师依法行使执业权利中存在的问题，共同研究解决办法，共同提高业务素质。

第十四条　本规定自发布之日起施行。2004 年 2 月 10 日最高人民检察院发布的《关于人民检察院保障律师在刑事诉讼中依法执业的规定》、2006 年 2 月 23 日最高人民检察院发布的《关于进一步加强律师执业权利保障工作的通知》同时废止。最高人民检察院以前发布的有关规定与本规定不一致的，以本规定为准。

11. 公安机关办理刑事案件程序规定（摘录）

（2012 年 12 月 13 日　公安部令第 127 号）

第四十六条　辩护律师接受犯罪嫌疑人委托或者法律援助机构的指派后，应当及时告知公安机关并出示律师执业证书、律师事务所证明和委托书或者法律援助公函。

第四十七条　辩护律师向公安机关了解案件有关情况的，公安机关应当依法将犯罪嫌疑人涉嫌的罪名以及当时已查明的该罪的主要事实，犯罪嫌疑人被采取、变更、解除强制措施，延长侦查羁押期限等案件有关情况，告知接受委托或者指派的辩护律师，并记录在案。

第四十八条 辩护律师可以同在押或者被监视居住的犯罪嫌疑人会见、通信。

第四十九条 对危害国家安全犯罪案件、恐怖活动犯罪案件，办案部门应当在将犯罪嫌疑人送看守所羁押时书面通知看守所；犯罪嫌疑人被监视居住的，应当在送交执行时书面通知执行机关。

辩护律师在侦查期间要求会见前款规定案件的在押或者被监视居住的犯罪嫌疑人，应当提出申请。

对辩护律师提出的会见申请，应当在收到申请后四十八小时以内，报经县级以上公安机关负责人批准，作出许可或者不许可的决定。除有碍侦查或者可能泄露国家秘密的情形外，应当作出许可的决定。

公安机关不许可会见的，应当书面通知辩护律师，并说明理由。有碍侦查或者可能泄露国家秘密的情形消失后，公安机关应当许可会见。

有下列情形之一的，属于本条规定的"有碍侦查"：

（一）可能毁灭、伪造证据，干扰证人作证或者串供的；

（二）可能引起犯罪嫌疑人自残、自杀或者逃跑的；

（三）可能引起同案犯逃避、妨碍侦查的；

（四）犯罪嫌疑人的家属与犯罪有牵连的。

第五十条 辩护律师要求会见在押的犯罪嫌疑人，看守所应当在查验其律师执业证书、律师事务所证明和委托书或者法律援助公函后，在四十八小时以内安排律师会见到犯罪嫌疑人，同时通知办案部门。

侦查期间，辩护律师会见危害国家安全犯罪案件、恐怖活动犯罪案件、特别重大贿赂犯罪案件在押或者被监视居住的犯罪嫌疑人时，看守所或者监视居住执行机关还应当查验侦查机关的许可决定文书。

第五十一条 辩护律师会见在押或者被监视居住的犯罪嫌疑人需要聘请翻译人员的，应当经公安机关审查。对于符合相关规定的，应当许可；对于不符合规定的，及时通知其更换。

翻译人员参与会见的，看守所或者监视居住执行机关应当查验公安机关的许可决定文书。

第五十二条 辩护律师会见在押或者被监视居住的犯罪嫌疑人时，看守所或者监视居住执行机关应当采取必要的管理措施，保障会见顺利进行，并告知其遵守会见的有关规定。辩护律师会见犯罪嫌疑人时，公安机关不得监听，不得派员在场。

辩护律师会见在押或者被监视居住的犯罪嫌疑人时，违反法律规定或者会见的规定的，看守所或者监视居住执行机关应当制止。对于严重违反规定或者不听劝阻的，可以决定停止本次会见，并及时通报其所在的律师事务所或者所属的律师协会。

第五十三条 辩护人或者其他任何人在刑事诉讼中，违反法律规定，实施干扰诉讼活动行为的，应当依法追究法律责任。

辩护人实施干扰诉讼活动行为，涉嫌犯罪，属于公安机关管辖的，应当由办理辩护人所承办案件的公安机关报请上一级公安机关指定其他公安机关立案侦查，或者由上一级公安机关立案侦查。不得指定原承办案件公安机关的下级公安机关立案侦查。辩护人是律师的，立案侦查的公安机关应当及时通知其所在的律师事务所或者所属的律师协会。

第五十四条 辩护律师对在执业活动中知悉的委托人的有关情况和信息，有权予以保密。但是，辩护律师在执业活动中知悉委托人或者其他人，准备或者正在实施危害国家安全、公共安全以及严重危害他人人身安全的犯罪的，应当及时告知司法机关。

第五十五条 案件侦查终结前，辩护律师提出要求的，公安机关应当听取辩护律师的意见，根据情况进行核实，并记录在案。辩护律师提出书面意见的，应当附卷。

对辩护律师收集的犯罪嫌疑人不在犯罪现场、未达到刑事责任年龄、属于依法不负刑事责任的精神病人的证据，公安机关应当进行核实并将有关情况记录在案，有关证据应当附卷。

第三百七十五条 当事人及其法定代理人、诉讼代理人、辩护律师提出的复议复核请求，由公安机关法制部门办理。

12. 中华人民共和国公安部、中华人民共和国司法部关于进一步保障和规范看守所律师会见工作的通知

(2019 年 10 月 18 日　公监管〔2019〕372 号)

各省、自治区、直辖市公安厅(局)、司法厅(局),新疆生产建设兵团公安局、司法局:

近年来,全国公安机关、司法行政机关切实加强协作配合,按照最高人民法院、最高人民检察院、公安部、国家安全部、司法部《关于依法保障律师执业权利的规定》(司发〔2015〕14 号)要求,不断创新协作机制、完善保障制度、加强硬件建设,严格依法保障律师在看守所会见在押犯罪嫌疑人、被告人的权利,取得明显成效。但随着刑事案件律师辩护全覆盖、法律援助值班律师等新制度的实施,看守所律师会见量急剧增多,一些看守所律师会见排队时间过长,甚至出现个别变相限制律师会见的现象,影响了律师的正常执业。同时,个别律师违反会见管理相关规定,甚至发生假冒律师会见等问题,影响了监所安全。对此,公安部、司法部经共同协商研究,现就进一步保障和规范看守所律师会见工作的相关要求通知如下:

一、依法安排及时会见,保障律师正常执业。辩护律师到看守所要求会见在押的犯罪嫌疑人、被告人,看守所在核验律师执业证书、律师事务所证明和委托书或者法律援助公函后,应当及时安排会见,能当时安排的应当时安排,不能当时安排的应向辩护律师说明情况,并保证辩护律师在 48 小时内会见到在押的犯罪嫌疑人、被告人。看守所安排会见不得附加其他条件或者变相要求辩护律师提交法律规定以外的其他文件、材料,不得以未收到办案部门通知为由拒绝安排辩护律师会见。在押犯罪嫌疑人、被告人提出解除委托关系的,辩护律师要求当面向其确认解除委托关系的,看守所应当安排会见;犯罪嫌疑人、被告人书面拒绝会见的,看守所应当将有关书面材料转交辩护律师。

二、加强制度硬件建设,满足律师会见需求。要加强制度建设,看守所应设立律师会见预约平台,在确保在押人员信息安全的前提下,通过网络、微信、电话等方式为律师预约会见,但不得以未预约为由拒绝安排律师会见,有条件的地方可

以探索视频会见。要加强会见场所建设，新建看守所律师会见室数量要按照设计押量每百人4间的标准建设，老旧看守所要因地制宜、挖掘潜力，通过改建、扩建等办法，进一步增加律师会见室数量。在律师会见室不足的情况下，经书面征得律师同意，可以使用讯问室安排律师会见，但应当关闭录音、监听设备。律师会见量较大的看守所可设置快速会见室，对于会见时间不超过30分钟的会见申请，看守所应安排快速会见。要加强服务保障，有条件的看守所可设立律师等候休息区，并配备一些必要的服务设施及办公设备，最大限度为律师会见提供便利。律师可以携带个人电脑会见，但应当遵守相关法律法规的规定，确保会见安全。在正常工作时间内无法满足律师会见需求的，经看守所所长批准可适当延长工作时间，或利用公休日安排律师会见。

三、加强信息共享和协作配合，确保羁押秩序和安全。公安部、司法部建立全国律师信息共享机制，共享全国律师的执业资格、执业状态等相关信息，并进一步规范辩护委托书、会见介绍信和刑事法律援助辩护(代理)函等文书的格式。律师应当遵守看守所安全管理规定，严禁携带违禁物品进入会见区，严禁带经办案单位核实或许可的律师助理、翻译以外的其他人员参加会见，严禁将通信工具提供给犯罪嫌疑人、被告人使用或者传递违禁物品、文件。发现律师在会见中有违规行为的，看守所应立即制止，并及时通报同级司法行政机关、律师协会。律师认为自己的会见权利受到侵害的，可以向看守所及所属公安机关、司法行政机关、律师协会或者检察机关投诉，公安机关应当公开受理律师投诉的机构名称和具体联系人、联系方式等。司法行政机关和律师协会要协同相关部门依法整治看守所周边违法设点执业的律师事务所，严肃查处违规执业、以不正当手段争揽业务和扰乱正常会见秩序等行为。

各地贯彻落实情况及工作中遇到的问题，请及时报公安部监所管理局、司法部律师工作局。

13. 律师事务所管理办法

（2018年12月05日　司法部令第142号）

第一章　总　　则

第一条　为了规范律师事务所的设立，加强对律师事务所的监督和管理，根据《中华人民共和国律师法》（以下简称《律师法》）和其他有关法律、法规的规定，制定本办法。

第二条　律师事务所是律师的执业机构。律师事务所应当依法设立并取得执业许可证。

律师事务所的设立和发展，应当根据国家和地方经济社会发展的需要，实现合理分布、均衡发展。

第三条　律师事务所应当坚持以习近平新时代中国特色社会主义思想为指导，坚持和加强党对律师工作的全面领导，坚定维护以习近平同志为核心的党中央权威和集中统一领导，把拥护中国共产党领导、拥护社会主义法治作为从业的基本要求，增强广大律师走中国特色社会主义法治道路的自觉性和坚定性。

律师事务所应当依法开展业务活动，加强内部管理和对律师执业行为的监督，依法承担相应的法律责任。

任何组织和个人不得非法干预律师事务所的业务活动，不得侵害律师事务所的合法权益。

第四条　律师事务所应当加强党的建设，充分发挥党组织的战斗堡垒作用和党员律师的先锋模范作用。

律师事务所有三名以上正式党员的，应当根据《中国共产党章程》的规定，经上级党组织批准，成立党的基层组织，并按期进行换届。律师事务所正式党员不足三人的，应当通过联合成立党组织、上级党组织选派党建工作指导员等方式开展党的工作，并在条件具备时及时成立党的基层组织。

律师事务所应当建立完善党组织参与律师事务所决策、管理的工作机制，为党组织开展活动、做好工作提供场地、人员和经费等支持。

第五条　司法行政机关依照《律师法》和本办法的规定对律师事务所进行监督、指导。

律师协会依照《律师法》、协会章程和行业规范，对律师事务所实行行业自律。

司法行政机关、律师协会应当结合监督管理职责，加强对律师行业党的建设的指导。

第六条　司法行政机关、律师协会应当建立健全律师事务所表彰奖励制度，根据有关规定设立综合性和单项表彰项目，对为维护人民群众合法权益、促进经济社会发展和国家法治建设作出突出贡献的律师事务所进行表彰奖励。

第二章　律师事务所的设立条件

第七条　律师事务所可以由律师合伙设立、律师个人设立或者由国家出资设立。

合伙律师事务所可以采用普通合伙或者特殊的普通合伙形式设立。

第八条　设立律师事务所应当具备下列基本条件：

（一）有自己的名称、住所和章程；

（二）有符合《律师法》和本办法规定的律师；

（三）设立人应当是具有一定的执业经历并能够专职执业的律师，且在申请设立前三年内未受过停止执业处罚；

（四）有符合本办法规定数额的资产。

第九条　设立普通合伙律师事务所，除应当符合本办法第八条规定的条件外，还应当具备下列条件：

（一）有书面合伙协议；

（二）有三名以上合伙人作为设立人；

（三）设立人应当是具有三年以上执业经历并能够专职执业的律师；

（四）有人民币三十万元以上的资产。

第十条　设立特殊的普通合伙律师事务所，除应当符合本办法第八条规定的条件外，还应当具备下列条件：

（一）有书面合伙协议；

（二）有二十名以上合伙人作为设立人；

（三）设立人应当是具有三年以上执业经历并能够专职执业的律师；

（四）有人民币一千万元以上的资产。

第十一条 设立个人律师事务所，除应当符合本办法第八条规定的条件外，还应当具备下列条件：

（一）设立人应当是具有五年以上执业经历并能够专职执业的律师；

（二）有人民币十万元以上的资产。

第十二条 国家出资设立的律师事务所，除符合《律师法》规定的一般条件外，应当至少有二名符合《律师法》规定并能够专职执业的律师。

需要国家出资设立律师事务所的，由当地县级司法行政机关筹建，申请设立许可前须经所在地县级人民政府有关部门核拨编制、提供经费保障。

第十三条 省、自治区、直辖市司法行政机关可以根据本地经济社会发展状况和律师业发展需要，适当调整本办法规定的普通合伙律师事务所、特殊的普通合伙律师事务所和个人律师事务所的设立资产数额，报司法部批准后实施。

第十四条 设立律师事务所，其申请的名称应当符合司法部有关律师事务所名称管理的规定，并应当在申请设立许可前按规定办理名称检索。

第十五条 律师事务所负责人人选，应当在申请设立许可时一并报审核机关核准。

合伙律师事务所的负责人，应当从本所合伙人中经全体合伙人选举产生；国家出资设立的律师事务所的负责人，由本所律师推选，经所在地县级司法行政机关同意。

个人律师事务所设立人是该所的负责人。

第十六条 律师事务所章程应当包括下列内容：

（一）律师事务所的名称和住所；

（二）律师事务所的宗旨；

（三）律师事务所的组织形式；

（四）设立资产的数额和来源；

（五）律师事务所负责人的职责以及产生、变更程序；

（六）律师事务所决策、管理机构的设置、职责；

（七）本所律师的权利与义务；

（八）律师事务所有关执业、收费、财务、分配等主要管理制度；

（九）律师事务所解散的事由、程序以及清算办法；

（十）律师事务所章程的解释、修改程序；

（十一）律师事务所党组织的设置形式、地位作用、职责权限、参与本所决策、管理的工作机制和党建工作保障措施等；

（十二）其他需要载明的事项。

设立合伙律师事务所的，其章程还应当载明合伙人的姓名、出资额及出资方式。

律师事务所章程的内容不得与有关法律、法规、规章相抵触。

律师事务所章程自省、自治区、直辖市司法行政机关作出准予设立律师事务所决定之日起生效。

第十七条　合伙协议应当载明下列内容：

（一）合伙人，包括姓名、居住地、身份证号、律师执业经历等；

（二）合伙人的出资额及出资方式；

（三）合伙人的权利、义务；

（四）合伙律师事务所负责人的职责以及产生、变更程序；

（五）合伙人会议的职责、议事规则等；

（六）合伙人收益分配及债务承担方式；

（七）合伙人入伙、退伙及除名的条件和程序；

（八）合伙人之间争议的解决方法和程序，违反合伙协议承担的责任；

（九）合伙协议的解释、修改程序；

（十）其他需要载明的事项。

合伙协议的内容不得与有关法律、法规、规章相抵触。

合伙协议由全体合伙人协商一致并签名，自省、自治区、直辖市司法行政机关作出准予设立律师事务所决定之日起生效。

第三章　律师事务所设立许可程序

第十八条　律师事务所的设立许可，由设区的市级或者直辖市的区（县）司法行政机关受理设立申请并进行初审，报省、自治区、直辖市司法行政机关进行审核，作出是否准予设立的决定。

第十九条　申请设立律师事务所，应当向所在地设区的市级或者直辖市的区

(县)司法行政机关提交下列材料:

(一)设立申请书;

(二)律师事务所的名称、章程;

(三)设立人的名单、简历、身份证明、律师执业证书,律师事务所负责人人选;

(四)住所证明;

(五)资产证明。

设立合伙律师事务所,还应当提交合伙协议。

设立国家出资设立的律师事务所,应当提交所在地县级人民政府有关部门出具的核拨编制、提供经费保障的批件。

申请设立许可时,申请人应当如实填报《律师事务所设立申请登记表》。

第二十条 设区的市级或者直辖市的区(县)司法行政机关对申请人提出的设立律师事务所申请,应当根据下列情况分别作出处理:

(一)申请材料齐全、符合法定形式的,应当受理;

(二)申请材料不齐全或者不符合法定形式的,应当当场或者自收到申请材料之日起五日内一次告知申请人需要补正的全部内容。申请人按要求补正的,予以受理;逾期不告知的,自收到申请材料之日起即为受理;

(三)申请事项明显不符合法定条件或者申请人拒绝补正、无法补正有关材料的,不予受理,并向申请人书面说明理由。

第二十一条 受理申请的司法行政机关应当在决定受理之日起二十日内完成对申请材料的审查。

在审查过程中,可以征求拟设立律师事务所所在地县级司法行政机关的意见;对于需要调查核实有关情况的,可以要求申请人提供有关证明材料,也可以委托县级司法行政机关进行核实。

经审查,应当对设立律师事务所的申请是否符合法定条件、材料是否真实齐全出具审查意见,并将审查意见和全部申请材料报送省、自治区、直辖市司法行政机关。

第二十二条 省、自治区、直辖市司法行政机关应当自收到受理申请机关报送的审查意见和全部申请材料之日起十日内予以审核,作出是否准予设立律师事务所的决定。

准予设立的,应当自决定之日起十日内向申请人颁发律师事务所执业许可证。

不准予设立的，应当向申请人书面说明理由。

第二十三条　律师事务所执业许可证分为正本和副本。正本用于办公场所悬挂，副本用于接受查验。正本和副本具有同等的法律效力。

律师事务所执业许可证应当载明的内容、制作的规格、证号编制办法，由司法部规定。执业许可证由司法部统一制作。

第二十四条　律师事务所设立申请人应当在领取执业许可证后的六十日内，按照有关规定刻制印章、开立银行账户、办理税务登记，完成律师事务所开业的各项准备工作，并将刻制的律师事务所公章、财务章印模和开立的银行账户报所在地设区的市级或者直辖市的区（县）司法行政机关备案。

第二十五条　有下列情形之一的，由作出准予设立律师事务所决定的省、自治区、直辖市司法行政机关撤销原准予设立的决定，收回并注销律师事务所执业许可证：

（一）申请人以欺骗、贿赂等不正当手段取得准予设立决定的；

（二）对不符合法定条件的申请或者违反法定程序作出准予设立决定的。

第四章　律师事务所的变更和终止

第二十六条　律师事务所变更名称、负责人、章程、合伙协议的，应当经所在地设区的市级或者直辖市的区（县）司法行政机关审查后报原审核机关批准。具体办法按律师事务所设立许可程序办理。

律师事务所变更住所、合伙人的，应当自变更之日起十五日内经所在地设区的市级或者直辖市的区（县）司法行政机关报原审核机关备案。

第二十七条　律师事务所跨县、不设区的市、市辖区变更住所，需要相应变更负责对其实施日常监督管理的司法行政机关的，应当在办理备案手续后，由其所在地设区的市级司法行政机关或者直辖市司法行政机关将有关变更情况通知律师事务所迁入地的县级司法行政机关。

律师事务所拟将住所迁移其他省、自治区、直辖市的，应当按注销原律师事务所、设立新的律师事务所的程序办理。

第二十八条　律师事务所变更合伙人，包括吸收新合伙人、合伙人退伙、合伙人因法定事由或者经合伙人会议决议被除名。

新合伙人应当从专职执业的律师中产生，并具有三年以上执业经历，但司法部另有规定的除外。受到六个月以上停止执业处罚的律师，处罚期满未逾三年的，不得担任合伙人。

合伙人退伙、被除名的，律师事务所应当依照法律、本所章程和合伙协议处理相关财产权益、债务承担等事务。

因合伙人变更需要修改合伙协议的，修改后的合伙协议应当按照本办法第二十六条第一款的规定报批。

第二十九条 律师事务所变更组织形式的，应当在自行依法处理好业务衔接、人员安排、资产处置、债务承担等事务并对章程、合伙协议作出相应修改后，方可按照本办法第二十六条第一款的规定申请变更。

第三十条 律师事务所因分立、合并，需要对原律师事务所进行变更或者注销原律师事务所、设立新的律师事务所的，应当在自行依法处理好相关律师事务所的业务衔接、人员安排、资产处置、债务承担等事务后，提交分立协议或者合并协议等申请材料，按照本办法的相关规定办理。

第三十一条 律师事务所有下列情形之一的，应当终止：

（一）不能保持法定设立条件，经限期整改仍不符合条件的；

（二）执业许可证被依法吊销的；

（三）自行决定解散的；

（四）法律、行政法规规定应当终止的其他情形。

律师事务所在取得设立许可后，六个月内未开业或者无正当理由停止业务活动满一年的，视为自行停办，应当终止。

律师事务所在受到停业整顿处罚期限未满前，不得自行决定解散。

第三十二条 律师事务所在终止事由发生后，不得受理新的业务。

律师事务所在终止事由发生后，应当向社会公告，依照有关规定进行清算，依法处置资产分割、债务清偿等事务。

律师事务所应当在清算结束后十五日内向所在地设区的市级或者直辖市的区（县）司法行政机关提交注销申请书、清算报告、本所执业许可证以及其他有关材料，由其出具审查意见后连同全部注销申请材料报原审核机关审核，办理注销手续。

律师事务所拒不履行公告、清算义务的，由设区的市级或者直辖市的区（县）司法行政机关向社会公告后，可以直接报原审核机关办理注销手续。律师事务所被注销后的债权、债务由律师事务所的设立人、合伙人承担。

律师事务所被注销的，其业务档案、财务账簿、本所印章的移管、处置，按照有关规定办理。

第五章　律师事务所分所的设立、变更和终止

第三十三条　成立三年以上并具有二十名以上执业律师的合伙律师事务所，根据业务发展需要，可以在本所所在地的市、县以外的地方设立分所。设在直辖市、设区的市的合伙律师事务所也可以在本所所在城区以外的区、县设立分所。

律师事务所及其分所受到停业整顿处罚期限未满的，该所不得申请设立分所；律师事务所的分所受到吊销执业许可证处罚的，该所自分所受到处罚之日起二年内不得申请设立分所。

第三十四条　分所应当具备下列条件：

（一）有符合《律师事务所名称管理办法》规定的名称；

（二）有自己的住所；

（三）有三名以上律师事务所派驻的专职律师；

（四）有人民币三十万元以上的资产；

（五）分所负责人应当是具有三年以上的执业经历并能够专职执业，且在担任负责人前三年内未受过停止执业处罚的律师。

律师事务所到经济欠发达的市、县设立分所的，前款规定的派驻律师条件可以降至一至二名；资产条件可以降至人民币十万元。具体适用地区由省、自治区、直辖市司法行政机关确定。

省、自治区、直辖市司法行政机关根据本地经济社会发展和律师业发展状况，需要提高第一款第（三）、（四）项规定的条件的，按照本办法第十三条规定的程序办理。

第三十五条　律师事务所申请设立分所，应当提交下列材料：

（一）设立分所申请书；

（二）本所基本情况，本所设立许可机关为其出具的符合《律师法》第十九条和本办法第三十三条规定条件的证明；

（三）本所执业许可证复印件，本所章程和合伙协议；

（四）拟在分所执业的律师的名单、简历、身份证明和律师执业证书复印件；

(五)拟任分所负责人的人选及基本情况,该人选执业许可机关为其出具的符合本办法第三十四条第一款第五项规定条件的证明;

(六)分所的名称,分所住所证明和资产证明;

(七)本所制定的分所管理办法。

申请设立分所时,申请人应当如实填报《律师事务所分所设立申请登记表》。

第三十六条 律师事务所申请设立分所,由拟设立分所所在地设区的市级或者直辖市区(县)司法行政机关受理并进行初审,报省、自治区、直辖市司法行政机关审核,决定是否准予设立分所。具体程序按照本办法第二十条、第二十一条、第二十二条的规定办理。

准予设立分所的,由设立许可机关向申请人颁发律师事务所分所执业许可证。

第三十七条 分所律师除由律师事务所派驻外,可以依照《律师执业管理办法》的规定面向社会聘用律师。

派驻分所律师,参照《律师执业管理办法》有关律师变更执业机构的规定办理,由准予设立分所的省、自治区、直辖市司法行政机关予以换发执业证书,原执业证书交回原颁证机关;分所聘用律师,依照《律师执业管理办法》规定的申请律师执业许可或者变更执业机构的程序办理。

第三十八条 律师事务所决定变更分所负责人的,应当经分所所在地设区的市级或者直辖市区(县)司法行政机关报分所设立许可机关批准;变更派驻分所律师的,参照《律师执业管理办法》有关律师变更执业机构的规定办理。

分所变更住所的,应当自变更之日起十五日内,经分所所在地设区的市级或者直辖市区(县)司法行政机关报分所设立许可机关备案。

律师事务所变更名称的,应当自名称获准变更之日起三十日内,经分所所在地设区的市级或者直辖市区(县)司法行政机关向分所设立许可机关申请变更分所名称。

第三十九条 有下列情形之一的,分所应当终止:

(一)律师事务所依法终止的;

(二)律师事务所不能保持《律师法》和本办法规定设立分所的条件,经限期整改仍不符合条件的;

(三)分所不能保持本办法规定的设立条件,经限期整改仍不符合条件的;

（四）分所在取得设立许可后六个月内未开业或者无正当理由停止业务活动满一年的；

（五）律师事务所决定停办分所的；

（六）分所执业许可证被依法吊销的；

（七）法律、行政法规规定应当终止的其他情形。

分所终止的，由分所设立许可机关注销分所执业许可证。分所终止的有关事宜按照本办法第三十二条的规定办理。

第六章 律师事务所执业和管理规则

第四十条 律师事务所应当建立健全执业管理和其他各项内部管理制度，规范本所律师执业行为，履行监管职责，对本所律师遵守法律、法规、规章及行业规范，遵守职业道德和执业纪律的情况进行监督，发现问题及时予以纠正。

第四十一条 律师事务所应当保障本所律师和辅助人员享有下列权利：

（一）获得本所提供的必要工作条件和劳动保障；

（二）获得劳动报酬及享受有关福利待遇；

（三）向本所提出意见和建议；

（四）法律、法规、规章及行业规范规定的其他权利。

第四十二条 律师事务所应当监督本所律师和辅助人员履行下列义务：

（一）遵守宪法和法律，遵守职业道德和执业纪律；

（二）依法、诚信、规范执业；

（三）接受本所监督管理，遵守本所章程和规章制度，维护本所的形象和声誉；

（四）法律、法规、规章及行业规范规定的其他义务。

第四十三条 律师事务所应当建立违规律师辞退和除名制度，对违法违规执业、违反本所章程及管理制度或者年度考核不称职的律师，可以将其辞退或者经合伙人会议通过将其除名，有关处理结果报所在地县级司法行政机关和律师协会备案。

第四十四条 律师事务所应当在法定业务范围内开展业务活动，不得以独资、与他人合资或者委托持股方式兴办企业，并委派律师担任企业法定代表人、总经理职务，不得从事与法律服务无关的其他经营性活动。

第四十五条 律师事务所应当与其他律师事务所公平竞争，不得以诋毁其他律师事务所、律师或者支付介绍费等不正当手段承揽业务。

第四十六条 律师承办业务，由律师事务所统一接受委托，与委托人签订书面委托合同。

律师事务所受理业务，应当进行利益冲突审查，不得违反规定受理与本所承办业务及其委托人有利益冲突的业务。

第四十七条 律师事务所应当按照有关规定统一收取服务费用并如实入账，建立健全收费管理制度，及时查处有关违规收费的举报和投诉，不得在实行政府指导价的业务领域违反规定标准收取费用，或者违反风险代理管理规定收取费用。

律师事务所应当按照规定建立健全财务管理制度，建立和实行合理的分配制度及激励机制。

律师事务所应当依法纳税。

第四十八条 律师事务所应当依法履行法律援助义务，及时安排本所律师承办法律援助案件，为办理法律援助案件提供条件和便利，无正当理由不得拒绝接受法律援助机构指派的法律援助案件。

第四十九条 律师事务所应当建立健全重大疑难案件的请示报告、集体研究和检查督导制度，规范受理程序，指导监督律师依法办理重大疑难案件。

第五十条 律师事务所应当依法履行管理职责，教育管理本所律师依法、规范承办业务，加强对本所律师执业活动的监督管理，不得放任、纵容本所律师有下列行为：

（一）采取煽动、教唆和组织当事人或者其他人员到司法机关或者其他国家机关静坐、举牌、打横幅、喊口号、声援、围观等扰乱公共秩序、危害公共安全的非法手段，聚众滋事，制造影响，向有关部门施加压力；

（二）对本人或者其他律师正在办理的案件进行歪曲、有误导性的宣传和评论，恶意炒作案件；

（三）以串联组团、联署签名、发表公开信、组织网上聚集、声援等方式或者借个案研讨之名，制造舆论压力，攻击、诋毁司法机关和司法制度；

（四）无正当理由，拒不按照人民法院通知出庭参与诉讼，或者违反法庭规则，擅自退庭；

（五）聚众哄闹、冲击法庭，侮辱、诽谤、威胁、殴打司法工作人员或者诉讼参与人，否定国家认定的邪教组织的性质，或者有其他严重扰乱法庭秩序的行为；

（六）发表、散布否定《宪法》确立的根本政治制度、基本原则和危害国家安全的言论，利用网络、媒体挑动对党和政府的不满，发起、参与危害国家安全的组织或者支持、参与、实施危害国家安全的活动；以歪曲事实真相、明显违背社会公序良俗等方式，发表恶意诽谤他人的言论，或者发表严重扰乱法庭秩序的言论。

第五十一条 合伙律师事务所和国家出资设立的律师事务所应当按照规定为聘用的律师和辅助人员办理失业、养老、医疗等社会保险。

个人律师事务所聘用律师和辅助人员的，应当按前款规定为其办理社会保险。

第五十二条 律师事务所应当按照规定，建立执业风险、事业发展、社会保障等基金。

律师参加执业责任保险的具体办法另行规定。

第五十三条 律师违法执业或者因过错给当事人造成损失的，由其所在的律师事务所承担赔偿责任。律师事务所赔偿后，可以向有故意或者重大过失行为的律师追偿。

普通合伙律师事务所的合伙人对律师事务所的债务承担无限连带责任。特殊的普通合伙律师事务所一个合伙人或者数个合伙人在执业活动中因故意或者重大过失造成律师事务所债务的，应当承担无限责任或者无限连带责任，其他合伙人以其在律师事务所中的财产份额为限承担责任；合伙人在执业活动中非因故意或者重大过失造成的律师事务所债务，由全体合伙人承担无限连带责任。个人律师事务所的设立人对律师事务所的债务承担无限责任。国家出资设立的律师事务所以其全部资产对其债务承担责任。

第五十四条 律师事务所的负责人负责对律师事务所的业务活动和内部事务进行管理，对外代表律师事务所，依法承担对律师事务所违法行为的管理责任。

合伙人会议或者律师会议为合伙律师事务所或者国家出资设立的律师事务所的决策机构；个人律师事务所的重大决策应当充分听取聘用律师的意见。

律师事务所根据本所章程可以设立相关管理机构或者配备专职管理人员，协助本所负责人开展日常管理工作。

第五十五条 律师事务所应当加强对本所律师的职业道德和执业纪律教育，组织开展业务学习和经验交流活动，为律师参加业务培训和继续教育提供条件。

第五十六条 律师事务所应当建立律师表彰奖励制度，对依法、诚信、规范执业表现突出的律师予以表彰奖励。

第五十七条 律师事务所应当建立投诉查处制度，及时查处、纠正本所律师在执业活动中的违法违规行为，调处在执业中与委托人之间的纠纷；认为需要对被投诉律师给予行政处罚或者行业惩戒的，应当及时向所在地县级司法行政机关或者律师协会报告。

已担任合伙人的律师受到六个月以上停止执业处罚的，自处罚决定生效之日起至处罚期满后三年内，不得担任合伙人。

第五十八条 律师事务所应当建立律师执业年度考核制度，按照规定对本所律师的执业表现和遵守职业道德、执业纪律的情况进行考核，评定等次，实施奖惩，建立律师执业档案和诚信档案。

第五十九条 律师事务所应当于每年的一季度经所在地县级司法行政机关向设区的市级司法行政机关提交上一年度本所执业情况报告和律师执业考核结果，直辖市的律师事务所的执业情况报告和律师执业考核结果直接向所在地区（县）司法行政机关提交，接受司法行政机关的年度检查考核。具体年度检查考核办法，由司法部规定。

第六十条 律师事务所应当按照规定建立健全档案管理制度，对所承办业务的案卷和有关资料及时立卷归档，妥善保管。

第六十一条 律师事务所应当通过本所网站等，公开本所律师和辅助人员的基本信息和奖惩情况。

第六十二条 律师事务所应当妥善保管、依法使用本所执业许可证，不得变造、出借、出租。如有遗失或者损毁的，应当及时报告所在地县级司法行政机关，经所在地设区的市级或者直辖市区（县）司法行政机关向原审核机关申请补发或者换发。律师事务所执业许可证遗失的，应当在当地报刊上刊登遗失声明。

律师事务所被撤销许可、受到吊销执业许可证处罚的，由所在地县级司法行政机关收缴其执业许可证。

律师事务所受到停业整顿处罚的，应当自处罚决定生效后至处罚期限届满前，将执业许可证缴存其所在地县级司法行政机关。

第六十三条 律师事务所应当加强对分所执业和管理活动的监督，履行下列管理职责：

(一)任免分所负责人;

(二)决定派驻分所律师,核准分所聘用律师人选;

(三)审核、批准分所的内部管理制度;

(四)审核、批准分所的年度工作计划、年度工作总结;

(五)指导、监督分所的执业活动及重大法律事务的办理;

(六)指导、监督分所的财务活动,审核、批准分所的分配方案和年度财务预算、决算;

(七)决定分所重要事项的变更、分所停办和分所资产的处置;

(八)本所规定的其他由律师事务所决定的事项。

律师事务所应当依法对其分所的债务承担责任。

第七章 司法行政机关的监督管理

第六十四条 县级司法行政机关对本行政区域内的律师事务所的执业活动进行日常监督管理,履行下列职责:

(一)监督律师事务所在开展业务活动过程中遵守法律、法规、规章的情况;

(二)监督律师事务所执业和内部管理制度的建立和实施情况;

(三)监督律师事务所保持法定设立条件以及变更报批或者备案的执行情况;

(四)监督律师事务所进行清算、申请注销的情况;

(五)监督律师事务所开展律师执业年度考核和上报年度执业总结的情况;

(六)受理对律师事务所的举报和投诉;

(七)监督律师事务所履行行政处罚和实行整改的情况;

(八)司法部和省、自治区、直辖市司法行政机关规定的其他职责。

县级司法行政机关在开展日常监督管理过程中,对发现、查实的律师事务所在执业和内部管理方面存在的问题,应当对律师事务所负责人或者有关律师进行警示谈话,责令改正,并对其整改情况进行监督;对律师事务所的违法行为认为依法应当给予行政处罚的,应当向上一级司法行政机关提出处罚建议;认为需要给予行业惩戒的,移送律师协会处理。

第六十五条 设区的市级司法行政机关履行下列监督管理职责:

(一)掌握本行政区域律师事务所的执业活动和组织建设、队伍建设、制度建设的情况,制定加强律师工作的措施和办法;

（二）指导、监督下一级司法行政机关的日常监督管理工作，组织开展对律师事务所的专项监督检查工作，指导对律师事务所重大投诉案件的查处工作；

（三）对律师事务所进行表彰；

（四）依法定职权对律师事务所的违法行为实施行政处罚；对依法应当给予吊销执业许可证处罚的，向上一级司法行政机关提出处罚建议；

（五）组织开展对律师事务所的年度检查考核工作；

（六）受理、审查律师事务所设立、变更、设立分所、注销申请事项；

（七）建立律师事务所执业档案，负责有关律师事务所的许可、变更、终止及执业档案信息的公开工作；

（八）法律、法规、规章规定的其他职责。

直辖市的区（县）司法行政机关负有前款规定的有关职责。

第六十六条　省、自治区、直辖市司法行政机关履行下列监督管理职责：

（一）制定本行政区域律师事务所的发展规划和有关政策，制定律师事务所管理的规范性文件；

（二）掌握本行政区域律师事务所组织建设、队伍建设、制度建设和业务开展情况；

（三）监督、指导下级司法行政机关的监督管理工作，指导对律师事务所的专项监督检查和年度检查考核工作；

（四）组织对律师事务所的表彰活动；

（五）依法对律师事务所的严重违法行为实施吊销执业许可证的处罚，监督下一级司法行政机关的行政处罚工作，办理有关行政复议和申诉案件；

（六）办理律师事务所设立核准、变更核准或者备案、设立分所核准及执业许可证注销事项；

（七）负责本行政区域律师事务所有关重大信息的公开工作；

（八）法律、法规规定的其他职责。

第六十七条　律师事务所违反本办法有关规定的，依照《律师法》和有关法规、规章规定追究法律责任。

律师事务所违反本办法第四十四条、第四十五条、第四十七条、第四十八条、第五十条规定的，司法行政机关应当依照《律师法》第五十条相关规定予以行政处罚。

第六十八条　律师事务所管理分所的情况，应当纳入司法行政机关对该所年度检查考核的内容；律师事务所对分所及其律师疏于管理、造成严重后果的，由该所所在地司法行政机关依法实施行政处罚。

律师事务所分所及其律师，应当接受分所所在地司法行政机关的监督、指导，接受分所所在地律师协会的行业管理。

第六十九条　跨省、自治区、直辖市设立分所的，分所所在地的省、自治区、直辖市司法行政机关应当将分所设立、变更、终止以及年度考核、行政处罚等情况及时抄送设立分所的律师事务所所在的省、自治区、直辖市司法行政机关。

第七十条　各级司法行政机关及其工作人员对律师事务所实施监督管理，不得妨碍律师事务所依法执业，不得侵害律师事务所的合法权益，不得索取或者收受律师事务所及其律师的财物，不得谋取其他利益。

第七十一条　司法行政机关应当加强对实施许可和管理活动的层级监督，按照规定建立有关工作的统计、请示、报告、督办等制度。

负责律师事务所许可实施、年度检查考核或者奖励、处罚的司法行政机关，应当及时将有关许可决定、考核结果或者奖惩情况通报下级司法行政机关，并报送上一级司法行政机关。

第七十二条　司法行政机关、律师协会应当建立律师和律师事务所信息管理系统，按照有关规定向社会公开律师事务所基本信息和年度检查考核结果、奖惩情况。

第七十三条　司法行政机关应当加强对律师协会的指导、监督，支持律师协会依照《律师法》和协会章程、行业规范对律师事务所实行行业自律，建立健全行政管理与行业自律相结合的协调、协作机制。

第七十四条　各级司法行政机关应当定期将本行政区域律师事务所的组织、队伍、业务情况的统计资料、年度管理工作总结报送上一级司法行政机关。

第七十五条　人民法院、人民检察院、公安机关、国家安全机关或者其他有关部门对律师事务所的违法违规行为向司法行政机关、律师协会提出予以处罚、处分建议的，司法行政机关、律师协会应当自作出处理决定之日起7日内通报建议机关。

第七十六条　司法行政机关工作人员在律师事务所设立许可和实施监督管理活动中，滥用职权、玩忽职守，构成犯罪的，依法追究刑事责任；尚不构成犯罪的，依法给予行政处分。

第八章　附　　则

第七十七条　军队法律顾问处的管理，按照国务院和中央军事委员会有关规定执行。

第七十八条　本办法自2016年11月1日起施行。此前司法部制定的有关律师事务所管理的规章、规范性文件与本办法相抵触的，以本办法为准。

14.最高人民法院、最高人民检察院、公安部、国家安全部、司法部关于依法保障律师执业权利的规定

（2015年09月16日　司发〔2015〕14号）

第一条　为切实保障律师执业权利，充分发挥律师维护当事人合法权益、维护法律正确实施、维护社会公平和正义的作用，促进司法公正，根据有关法律法规，制定本规定。

第二条　人民法院、人民检察院、公安机关、国家安全机关、司法行政机关应当尊重律师，健全律师执业权利保障制度，依照刑事诉讼法、民事诉讼法、行政诉讼法及律师法的规定，在各自职责范围内依法保障律师知情权、申请权、申诉权，以及会见、阅卷、收集证据和发问、质证、辩论等方面的执业权利，不得阻碍律师依法履行辩护、代理职责，不得侵害律师合法权利。

第三条　人民法院、人民检察院、公安机关、国家安全机关、司法行政机关和律师协会应当建立健全律师执业权利救济机制。

律师因依法执业受到侮辱、诽谤、威胁、报复、人身伤害的，有关机关应当及时制止并依法处理，必要时对律师采取保护措施。

第四条　人民法院、人民检察院、公安机关、国家安全机关、司法行政机关应当建立和完善诉讼服务中心、立案或受案场所、律师会见室、阅卷室，规范工作流程，方便律师办理立案、会见、阅卷、参与庭审、申请执行等事务。探索建立网络信息系统和律师服务平台，提高案件办理效率。

第五条　办案机关在办理案件中应当依法告知当事人有权委托辩护人、诉讼代理人。对于符合法律援助条件而没有委托辩护人或者诉讼代理人的，办案机关应当及时告知当事人有权申请法律援助，并按照相关规定向法律援助机构转交申请材料。办案机关发现犯罪嫌疑人、被告人属于依法应当提供法律援助的情形的，应当及时通知法律援助机构指派律师为其提供辩护。

第六条　辩护律师接受犯罪嫌疑人、被告人委托或者法律援助机构的指派后，应当告知办案机关，并可以依法向办案机关了解犯罪嫌疑人、被告人涉嫌或者被指控的罪名及当时已查明的该罪的主要事实，犯罪嫌疑人、被告人被采取、变更、解除强制措施的情况，侦查机关延长侦查羁押期限等情况，办案机关应当依法及时告知辩护律师。

办案机关作出移送审查起诉、退回补充侦查、提起公诉、延期审理、二审不开庭审理、宣告判决等重大程序性决定的，以及人民检察院将直接受理立案侦查案件报请上一级人民检察院审查决定逮捕的，应当依法及时告知辩护律师。

第七条　辩护律师到看守所会见在押的犯罪嫌疑人、被告人，看守所在查验律师执业证书、律师事务所证明和委托书或者法律援助公函后，应当及时安排会见。能当时安排的，应当当时安排；不能当时安排的，看守所应当向辩护律师说明情况，并保证辩护律师在四十八小时以内会见到在押的犯罪嫌疑人、被告人。

看守所安排会见不得附加其他条件或者变相要求辩护律师提交法律规定以外的其他文件、材料，不得以未收到办案机关通知为由拒绝安排辩护律师会见。

看守所应当设立会见预约平台，采取网上预约、电话预约等方式为辩护律师会见提供便利，但不得以未预约会见为由拒绝安排辩护律师会见。

辩护律师会见在押的犯罪嫌疑人、被告人时，看守所应当采取必要措施，保障会见顺利和安全进行。律师会见在押的犯罪嫌疑人、被告人的，看守所应当保障律师履行辩护职责需要的时间和次数，并与看守所工作安排和办案机关侦查工作相协调。辩护律师会见犯罪嫌疑人、被告人时不被监听，办案机关不得派员在场。在律师会见室不足的情况下，看守所经辩护律师书面同意，可以安排在讯问室会见，但应当关闭录音、监听设备。犯罪嫌疑人、被告人委托两名律师担任辩护人的，两名辩护律师可以共同会见，也可以单独会见。辩护律师可以带一名律师助理协助会见。助理人员随同辩护律师参加会见的，应当出示律师事务所证明和律师执业证书或申请律师执业人员实习证。办案机关应当核实律师助理的身份。

第八条　在押的犯罪嫌疑人、被告人提出解除委托关系的，办案机关应当要求其出具或签署书面文件，并在三日以内转交受委托的律师或者律师事务所。辩护律师可以要求会见在押的犯罪嫌疑人、被告人，当面向其确认解除委托关系，看守所应当安排会见；但犯罪嫌疑人、被告人书面拒绝会见的，看守所应当将有关书面材料转交辩护律师，不予安排会见。

在押的犯罪嫌疑人、被告人的监护人、近亲属解除代为委托辩护律师关系的，经犯罪嫌疑人、被告人同意的，看守所应当允许新代为委托的辩护律师会见，由犯罪嫌疑人、被告人确认新的委托关系；犯罪嫌疑人、被告人不同意解除原辩护律师的委托关系的，看守所应当终止新代为委托的辩护律师会见。

第九条　辩护律师在侦查期间要求会见危害国家安全犯罪、恐怖活动犯罪、特别重大贿赂犯罪案件在押的犯罪嫌疑人的，应当向侦查机关提出申请。侦查机关应当依法及时审查辩护律师提出的会见申请，在三日以内将是否许可的决定书面答复辩护律师，并明确告知负责与辩护律师联系的部门及工作人员的联系方式。对许可会见的，应当向辩护律师出具许可决定文书；因有碍侦查或者可能泄露国家秘密而不许可会见的，应当向辩护律师说明理由。有碍侦查或者可能泄露国家秘密的情形消失后，应当许可会见，并及时通知看守所和辩护律师。对特别重大贿赂案件在侦查终结前，侦查机关应当许可辩护律师至少会见一次犯罪嫌疑人。

侦查机关不得随意解释和扩大前款所述三类案件的范围，限制律师会见。

第十条　自案件移送审查起诉之日起，辩护律师会见犯罪嫌疑人、被告人，可以向其核实有关证据。

第十一条　辩护律师会见在押的犯罪嫌疑人、被告人，可以根据需要制作会见笔录，并要求犯罪嫌疑人、被告人确认无误后在笔录上签名。

第十二条　辩护律师会见在押的犯罪嫌疑人、被告人需要翻译人员随同参加的，应当提前向办案机关提出申请，并提交翻译人员身份证明及其所在单位出具的证明。办案机关应当及时审查并在三日以内作出是否许可的决定。许可翻译人员参加会见的，应当向辩护律师出具许可决定文书，并通知看守所。不许可的，应当向辩护律师书面说明理由，并通知其更换。

翻译人员应当持办案机关许可决定文书和本人身份证明，随同辩护律师参加会见。

第十三条 看守所应当及时传递辩护律师同犯罪嫌疑人、被告人的往来信件。看守所可以对信件进行必要的检查，但不得截留、复制、删改信件，不得向办案机关提供信件内容，但信件内容涉及危害国家安全、公共安全、严重危害他人人身安全以及涉嫌串供、毁灭证据等情形的除外。

第十四条 辩护律师自人民检察院对案件审查起诉之日起，可以查阅、摘抄、复制本案的案卷材料，人民检察院检察委员会的讨论记录、人民法院合议庭、审判委员会的讨论记录以及其他依法不能公开的材料除外。人民检察院、人民法院应当为辩护律师查阅、摘抄、复制案卷材料提供便利，有条件的地方可以推行电子化阅卷，允许刻录、下载材料。侦查机关应当在案件移送审查起诉后三日以内，人民检察院应当在提起公诉后三日以内，将案件移送情况告知辩护律师。案件提起公诉后，人民检察院对案卷所附证据材料有调整或者补充的，应当及时告知辩护律师。辩护律师对调整或者补充的证据材料，有权查阅、摘抄、复制。辩护律师办理申诉、抗诉案件，在人民检察院、人民法院经审查决定立案后，可以持律师执业证书、律师事务所证明和委托书或者法律援助公函到案卷档案管理部门、持有案卷档案的办案部门查阅、摘抄、复制已经审理终结案件的案卷材料。

辩护律师提出阅卷要求的，人民检察院、人民法院应当当时安排辩护律师阅卷，无法当时安排的，应当向辩护律师说明并安排其在三个工作日以内阅卷，不得限制辩护律师阅卷的次数和时间。有条件的地方可以设立阅卷预约平台。

人民检察院、人民法院应当为辩护律师阅卷提供场所和便利，配备必要的设备。因复制材料发生费用的，只收取工本费用。律师办理法律援助案件复制材料发生的费用，应当予以免收或者减收。辩护律师可以采用复印、拍照、扫描、电子数据拷贝等方式复制案卷材料，可以根据需要带律师助理协助阅卷。办案机关应当核实律师助理的身份。

辩护律师查阅、摘抄、复制的案卷材料属于国家秘密的，应当经过人民检察院、人民法院同意并遵守国家保密规定。律师不得违反规定，披露、散布案件重要信息和案卷材料，或者将其用于本案辩护、代理以外的其他用途。

第十五条 辩护律师提交与案件有关材料的，办案机关应当在工作时间和办公场所予以接待，当面了解辩护律师提交材料的目的、材料的来源和主要内容等有关情况并记录在案，与相关材料一并附卷，并出具回执。辩护律师应当提交原件，提交原件确有困难的，经办案机关准许，也可以提交复印件，经与原件核对无误后由辩护律师签名确认。辩护律师通过服务平台网上提交相关材料的，办案机关应当在网上出具回执。辩护律师应当及时向办案机关提供原件核对，并签名确认。

第十六条 在刑事诉讼审查起诉、审理期间，辩护律师书面申请调取公安机关、人民检察院在侦查、审查起诉期间收集但未提交的证明犯罪嫌疑人、被告人无罪或者罪轻的证据材料的，人民检察院、人民法院应当依法及时审查。经审查，认为辩护律师申请调取的证据材料已收集并且与案件事实有联系的，应当及时调取。相关证据材料提交后，人民检察院、人民法院应当及时通知辩护律师查阅、摘抄、复制。经审查决定不予调取的，应当书面说明理由。

第十七条 辩护律师申请向被害人或者其近亲属、被害人提供的证人收集与本案有关的材料的，人民检察院、人民法院应当在七日以内作出是否许可的决定，并通知辩护律师。辩护律师书面提出有关申请时，办案机关不许可的，应当书面说明理由；辩护律师口头提出申请的，办案机关可以口头答复。

第十八条 辩护律师申请人民检察院、人民法院收集、调取证据的，人民检察院、人民法院应当在三日以内作出是否同意的决定，并通知辩护律师。辩护律师书面提出有关申请时，办案机关不同意的，应当书面说明理由；辩护律师口头提出申请的，办案机关可以口头答复。

第十九条 辩护律师申请向正在服刑的罪犯收集与案件有关的材料的，监狱和其他监管机关在查验律师执业证书、律师事务所证明和犯罪嫌疑人、被告人委托书或法律援助公函后，应当及时安排并提供合适的场所和便利。

正在服刑的罪犯属于辩护律师所承办案件的被害人或者其近亲属、被害人提供的证人的，应当经人民检察院或者人民法院许可。

第二十条 在民事诉讼、行政诉讼过程中，律师因客观原因无法自行收集证据的，可以依法向人民法院申请调取。经审查符合规定的，人民法院应当予以调取。

第二十一条 侦查机关在案件侦查终结前，人民检察院、人民法院在审查批准、决定逮捕期间，最高人民法院在复核死刑案件期间，辩护律师提出要求的，办案机关应当听取辩护律师的意见。人民检察院审查起诉、第二审人民法院决定不开庭审理的，应当充分听取辩护律师的意见。

辩护律师要求当面反映意见或者提交证据材料的，办案机关应当依法办理，并制作笔录附卷。辩护律师提出的书面意见和证据材料，应当附卷。

第二十二条　辩护律师书面申请变更或者解除强制措施的，办案机关应当在三日以内作出处理决定。辩护律师的申请符合法律规定的，办案机关应当及时变更或者解除强制措施；经审查认为不应当变更或者解除强制措施的，应当告知辩护律师，并书面说明理由。

第二十三条　辩护律师在侦查、审查起诉、审判期间发现案件有关证据存在刑事诉讼法第五十四条规定的情形的，可以向办案机关申请排除非法证据。

辩护律师在开庭以前申请排除非法证据，人民法院对证据收集合法性有疑问的，应当依照刑事诉讼法第一百八十二条第二款的规定召开庭前会议，就非法证据排除问题了解情况，听取意见。

辩护律师申请排除非法证据的，办案机关应当听取辩护律师的意见，按照法定程序审查核实相关证据，并依法决定是否予以排除。

第二十四条　辩护律师在开庭以前提出召开庭前会议、回避、补充鉴定或者重新鉴定以及证人、鉴定人出庭等申请的，人民法院应当及时审查作出处理决定，并告知辩护律师。

第二十五条　人民法院确定案件开庭日期时，应当为律师出庭预留必要的准备时间并书面通知律师。律师因开庭日期冲突等正当理由申请变更开庭日期的，人民法院应当在不影响案件审理期限的情况下，予以考虑并调整日期，决定调整日期的，应当及时通知律师。

律师可以根据需要，向人民法院申请带律师助理参加庭审。律师助理参加庭审仅能从事相关辅助工作，不得发表辩护、代理意见。

第二十六条　有条件的人民法院应当建立律师参与诉讼专门通道，律师进入人民法院参与诉讼确需安全检查的，应当与出庭履行职务的检察人员同等对待。有条件的人民法院应当设置专门的律师更衣室、休息室或者休息区域，并配备必要的桌椅、饮水及上网设施等，为律师参与诉讼提供便利。

第二十七条　法庭审理过程中，律师对审判人员、检察人员提出回避申请的，人民法院、人民检察院应当依法作出处理。

第二十八条　法庭审理过程中，经审判长准许，律师可以向当事人、证人、鉴定人和有专门知识的人发问。

第二十九条　法庭审理过程中，律师可以就证据的真实性、合法性、关联性，从证明目的、证明效果、证明标准、证明过程等方面，进行法庭质证和相关辩论。

第三十条 法庭审理过程中，律师可以就案件事实、证据和适用法律等问题，进行法庭辩论。

第三十一条 法庭审理过程中，法官应当注重诉讼权利平等和控辩平衡。对于律师发问、质证、辩论的内容、方式、时间等，法庭应当依法公正保障，以便律师充分发表意见，查清案件事实。

法庭审理过程中，法官可以对律师的发问、辩论进行引导，除发言过于重复、相关问题已在庭前会议达成一致、与案件无关或者侮辱、诽谤、威胁他人，故意扰乱法庭秩序的情况外，法官不得随意打断或者制止律师按程序进行的发言。

第三十二条 法庭审理过程中，律师可以提出证据材料，申请通知新的证人、有专门知识的人出庭，申请调取新的证据，申请重新鉴定或者勘验、检查。在民事诉讼中，申请有专门知识的人出庭，应当在举证期限届满前向人民法院申请，经法庭许可后才可以出庭。

第三十三条 法庭审理过程中，遇有被告人供述发生重大变化、拒绝辩护等重大情形，经审判长许可，辩护律师可以与被告人进行交流。

第三十四条 法庭审理过程中，有下列情形之一的，律师可以向法庭申请休庭：

（一）辩护律师因法定情形拒绝为被告人辩护的；

（二）被告人拒绝辩护律师为其辩护的；

（三）需要对新的证据作辩护准备的；

（四）其他严重影响庭审正常进行的情形。

第三十五条 辩护律师作无罪辩护的，可以当庭就量刑问题发表辩护意见，也可以庭后提交量刑辩护意见。

第三十六条 人民法院适用普通程序审理案件，应当在裁判文书中写明律师依法提出的辩护、代理意见，以及是否采纳的情况，并说明理由。

第三十七条 对于诉讼中的重大程序信息和送达当事人的诉讼文书，办案机关应当通知辩护、代理律师。

第三十八条 法庭审理过程中，律师就回避，案件管辖，非法证据排除，申请通知证人、鉴定人、有专门知识的人出庭，申请通知新的证人到庭，调取新的证据，申请重新鉴定、勘验等问题当庭提出申请，或者对法庭审理程序提出异议的，法庭原则上应当休庭进行审查，依照法定程序作出决定。其他律师有相同异议的，应一并提出，法庭一并休庭审查。法庭决定驳回申请或者异议的，律师可当庭提出复议。经复议后，律师应当尊重法庭的决定，服从法庭的安排。

律师不服法庭决定保留意见的内容应当详细记入法庭笔录，可以作为上诉理由，或者向同级或者上一级人民检察院申诉、控告。

第三十九条　律师申请查阅人民法院录制的庭审过程的录音、录像的，人民法院应当准许。

第四十条　侦查机关依法对在诉讼活动中涉嫌犯罪的律师采取强制措施后，应当在四十八小时以内通知其所在的律师事务所或者所属的律师协会。

第四十一条　律师认为办案机关及其工作人员明显违反法律规定，阻碍律师依法履行辩护、代理职责，侵犯律师执业权利的，可以向该办案机关或者其上一级机关投诉。

办案机关应当畅通律师反映问题和投诉的渠道，明确专门部门负责处理律师投诉，并公开联系方式。

办案机关应当对律师的投诉及时调查，律师要求当面反映情况的，应当当面听取律师的意见。经调查情况属实的，应当依法立即纠正，及时答复律师，做好说明解释工作，并将处理情况通报其所在地司法行政机关或者所属的律师协会。

第四十二条　在刑事诉讼中，律师认为办案机关及其工作人员的下列行为阻碍律师依法行使诉讼权利的，可以向同级或者上一级人民检察院申诉、控告：

（一）未依法向律师履行告知、转达、通知和送达义务的；

（二）办案机关认定律师不得担任辩护人、代理人的情形有误的；

（三）对律师依法提出的申请，不接收、不答复的；

（四）依法应当许可律师提出的申请未许可的；

（五）依法应当听取律师的意见未听取的；

（六）其他阻碍律师依法行使诉讼权利的行为。

律师依照前款规定提出申诉、控告的，人民检察院应当在受理后十日以内进行审查，并将处理情况书面答复律师。情况属实的，通知有关机关予以纠正。情况不属实的，做好说明解释工作。

人民检察院应当依法严格履行保障律师依法执业的法律监督职责，处理律师申诉控告。在办案过程中发现有阻碍律师依法行使诉讼权利行为的，应当依法、及时提出纠正意见。

第四十三条 办案机关或者其上一级机关、人民检察院对律师提出的投诉、申诉、控告,经调查核实后要求有关机关予以纠正,有关机关拒不纠正或者累纠累犯的,应当由相关机关的纪检监察部门依照有关规定调查处理,相关责任人构成违纪的,给予纪律处分。

第四十四条 律师认为办案机关及其工作人员阻碍其依法行使执业权利的,可以向其所执业律师事务所所在地的市级司法行政机关、所属的律师协会申请维护执业权利。情况紧急的,可以向事发地的司法行政机关、律师协会申请维护执业权利。事发地的司法行政机关、律师协会应当给予协助。

司法行政机关、律师协会应当建立维护律师执业权利快速处置机制和联动机制,及时安排专人负责协调处理。律师的维权申请合法有据的,司法行政机关、律师协会应当建议有关办案机关依法处理,有关办案机关应当将处理情况及时反馈司法行政机关、律师协会。

司法行政机关、律师协会持有关证明调查核实律师权益保障或者违纪有关情况的,办案机关应当予以配合、协助,提供相关材料。

第四十五条 人民法院、人民检察院、公安机关、国家安全机关、司法行政机关和律师协会应当建立联席会议制度,定期沟通保障律师执业权利工作情况,及时调查处理侵犯律师执业权利的突发事件。

第四十六条 依法规范法律服务秩序,严肃查处假冒律师执业和非法从事法律服务的行为。对未取得律师执业证书或者已经被注销、吊销执业证书的人员以律师名义提供法律服务或者从事相关活动的,或者利用相关法律关于公民代理的规定从事诉讼代理或者辩护业务非法牟利的,依法追究责任,造成严重后果的,依法追究刑事责任。

第四十七条 本规定所称“办案机关”,是指负责侦查、审查逮捕、审查起诉和审判工作的公安机关、国家安全机关、人民检察院和人民法院。

第四十八条 本规定所称“律师助理”,是指辩护、代理律师所在律师事务所的其他律师和申请律师执业实习人员。

第四十九条 本规定自发布之日起施行。

15. 最高人民法院、司法部关于依法保障律师诉讼权利和规范庭审活动的通知

（2018年04月21日　司发通〔2018〕36号）

各省、自治区、直辖市高级人民法院、司法厅（局），新疆维吾尔自治区高级人民法院生产建设兵团分院、新疆生产建设兵团司法局：

为进一步保障律师诉讼权利，规范律师参与庭审活动，充分发挥律师维护当事人合法权益、维护法律正确实施和司法公正的职能作用，现就有关事项通知如下。

一、各级人民法院及其工作人员要尊重和保障律师诉讼权利，严格执行法定程序，平等对待诉讼各方，合理分配各方发问、质证、陈述和辩论、辩护的时间，充分听取律师意见。对于律师在法庭上就案件事实认定和法律适用的正常发问、质证和发表的辩护代理意见，法官不随意打断或者制止；但是，攻击党和国家政治制度、法律制度的，发表的意见已在庭前会议达成一致、与案件无关或者侮辱、诽谤、威胁他人，故意扰乱法庭秩序的，审判长或者独任审判员可以根据情况予以制止。律师明显以诱导方式发问，公诉人提出异议的，审判长或者独任审判员审查确认后，可以制止。

二、律师参加庭审不得对庭审活动进行录音、录像、拍照或使用移动通信工具等传播庭审活动，不得进行其他违反法庭规则和不服从法庭指令的行为。律师对庭审活动进行录音、录像、拍照或使用移动通信工具等传播庭审活动的，人民法院可以暂扣其使用的设备及存储介质，删除相关内容。

三、法庭审理过程中，法官应当尊重律师，不得侮辱、嘲讽律师。审判长或者独任审判员认为律师在法庭审理过程中违反法庭规则、法庭纪律的，应当依法给予警告、训诫等，确有必要时可以休庭处置，除当庭攻击党和国家政治制度、法律制度等严重扰乱法庭秩序的，不采取责令律师退出法庭或者强行带出法庭措施。确需司法警察当庭对律师采取措施维持法庭秩序的，有关执法行为要规范、文明，保持必要、合理限度。律师被依法责令退出法庭、强行带出法庭或者被处以罚款后，具结保证书，保证服从法庭指令、不再扰乱法庭秩序的，经法庭许可，可以继续

担任同一案件的辩护人、诉讼代理人;具有擅自退庭、无正当理由不按时出庭参加诉讼、被拘留或者具结保证书后再次被依法责令退出法庭、强行带出法庭的,不得继续担任同一案件的辩护人、诉讼代理人。人民法院应当对庭审活动进行全程录像或录音,对律师在庭审活动中违反法定程序的情形应当记录在案。

四、律师认为法官在审判过程中有违法违规行为的,可以向相关人民法院或其上一级人民法院监察部门投诉、举报,人民法院应当依法作出处理并及时将处理情况答复律师本人,同时通报当地司法行政机关、律师协会。对社会高度关注的,应当公布结果。律师认为法官侵犯其诉讼权利的,应当在庭审结束后,向司法行政机关、律师协会申请维护执业权利,不得以维权为由干扰庭审的正常进行,不得通过网络以自己名义或通过其他人、媒体发表声明、公开信、敦促书等炒作案件。

五、人民法院认为律师有违法违规行为的,应当向司法行政机关、律师协会提出司法建议,并移交庭审录音录像、庭审记录等相关证据材料。对需要进一步调查核实的,应配合、协助司法行政机关、律师协会有关调查取证工作。司法行政机关、律师协会接到当事人投诉举报、人民法院司法建议书的,应当及时立案调查,对违法违规的要依法依规作出行政处罚或行业惩戒。处理结果应当及时书面告知当事人、人民法院。对公开谴责以上行业惩戒和行政处罚的决定一律向社会公开披露。各地司法行政机关、律师协会主动发现律师违法违规行为的,要及时立案查处。

六、司法行政机关应当会同人民法院、律师协会建立分级分类处理机制。对于发生在当地的律师维权和违法违规事件,由所在地人民法院、司法行政机关按有关要求依法及时作出处理,能即时纠正的应当依法立即纠正。对于跨区域的律师维权和违法违规事件,行为发生地司法行政机关发现律师涉嫌违法违规执业的,应当向注册地司法行政机关提出处罚意见和建议,注册地司法行政机关收到意见建议后应当立案调查,并将查处结果反馈行为发生地司法行政机关。行为发生地司法行政机关不同意处罚意见的,应当报共同上级司法行政机关审查。上级司法行政机关应当对两地司法行政机关意见和相关证据材料进行审查,提出处理意见。跨省(区、市)的律师维权与违规交织等重大复杂事件,可以由司法部会同最高人民法院、全国律师协会,必要时商请事件发生地的省(区、市)党委政法委牵头组成联合调查组,负责事件调查处理工作。省(区、市)内跨区域重大复杂事件参照上述做法办理。

七、重大敏感复杂案件开庭审理时，根据人民法院通知，对律师具有管理监督职责的司法行政机关或律师协会应当派员旁听，进行现场指导监督。

八、各级人民法院、司法行政机关要注重发现宣传人民法院依法尊重、保障律师诉讼权利和律师尊重法庭权威、遵守庭审纪律的典型，大力表彰先进，发挥正面引领作用。同时，要通报人民法院、司法行政机关侵犯律师正当权利、处置律师违法违规行为不当以及律师违法违规执业受到处罚处分的典型，教育引导法官和律师自觉树立正确观念，彼此尊重、相互支持、相互监督，为法院依法审判、律师依法履职营造良好环境。

16. 北京市关于依法保障律师执业权利的实施细则

（2015 年 12 月 03 日）

第一条 为切实保障律师执业权利，充分发挥律师维护当事人合法权益、维护法律正确实施、维护社会公平和正义的作用，促进司法公正，根据有关法律法规和最高人民法院、最高人民检察院、公安部、国家安全部、司法部《关于依法保障律师执业权利的规定》的精神，结合本市的具体情况，制定本规定。

第二条 人民法院、人民检察院、公安机关、国家安全机关、司法行政机关应当尊重律师，健全律师执业权利保障制度，依照刑事诉讼法、民事诉讼法、行政诉讼法、律师法及相关司法解释的规定，在各自职责范围内依法保障律师知情权、申请权，申诉权，以及会见、阅卷、收集证据和发问、质证、辩论等方面的执业权利，不得阻碍律师依法履行辩护、代理职责，不得侵害律师合法权利。

第三条 人民法院、人民检察院、公安机关、国家安全机关、司法行政机关和律师协会应当建立健全律师执业权利救济机制、设立或指定专门的机构、人员接受，处理律师因依法执业受到侵害而提出的申诉和控告。

律师因依法执业受到侮辱、诽谤、威胁、报复、人身伤害的，有关机关应当及时制止并依法处理，必要时对律师采取保护措施。

第四条 人民法院、人民检察院、公安机关、国家安全机关、司法行政机关应当建立和完善诉讼服务中心、立案或受案场所、律师会见室，阅卷室，规范工作流程，方便律师办理立案、会见、阅卷、提出法律意见、参与庭审、申请执行等事务，探索建立网络信息系统和律师服务平台，提高案件办理效率。

第五条 办案机关的侦查部门在第一次讯问犯罪嫌疑人或者对其采取强制措施时，人民检察院公诉部门自收到移送审查起诉的案件材料之日起三日以内，应当告知犯罪嫌疑人有权委托辩护人。

对于在押或者被指定居所监视居住的犯罪嫌疑人、被告人提出委托辩护人，或者要求通知监护人、近亲属代为委托辩护人的，办案机关应当在三日内转达其要求。犯罪嫌疑人，被告人指定的辩护人拒绝接受委托或者其监护人、近亲属拒绝为其委托辩护人的，办案机关应当及时告知犯罪嫌疑人、被告人另行提出委托。

犯罪嫌疑人、被告人另行委托辩护人确有困难的，办案机关可以依法通知法律援助机构或律师协会为其推荐辩护律师。办案机关发现犯罪嫌疑人、被告人属于法定的通知辩护情形，应当在三日内通知法律援助机构指派律师为其提供辩护。

第六条 犯罪嫌疑人、被告人的监护人、近亲属代为委托辩护律师的，应当提供委托人与犯罪嫌疑人、被告人的关系证明。对无法提供的，由看守所向犯罪嫌疑人、被告人核实确认后，应当在四十八小时内安排律师会见。

犯罪嫌疑人、被告人的监护人、近亲属代为委托辩护律师的，辩护律师在第一次会见时，由犯罪嫌疑人、被告人本人确认其委托关系。

第七条 办案机关应当告知犯罪嫌疑人、被告人因经济困难等原因没有委托辩护人的，可以申请法律援助，并将告知情况记录在案。在押或者被指定居所监视居住的犯罪嫌疑人、被告人提出申请的，办案机关或看守所应当在二十四小时内向法律援助机构转交，并通知犯罪嫌疑人、被告人的监护人、近亲属或者其委托的其他人员协助提供有关证件、证明等相关材料。

第八条 法律援助机构收到犯罪嫌疑人、被告人申请后，应当依照有关规定及时审查并在收到申请后五个工作日内作出决定。对符合法律援助条件的，决定提供法律援助，并于决定之日起三个工作日指派律师并函告办案机关管理部门；对不符合法律援助条件的，作出不予援助的决定，并应当及时书面告知申请人理由，同时函告办案机关案件管理部门。

第九条 律师有下列情形之一的，不得担任辩护人或诉讼代理人，法律另有规定的除外：

（一）正在被执行刑罚或者依法被剥夺、限制人身自由的；

（二）因故意犯罪受过刑事处罚的；

（三）曾经担任检察官、法官，从人民检察院、人民法院离任后不满两年的；

（四）本人或所在律师事务所正在受到停业以上行政处罚的；

（五）与本案有利害关系的；

（六）具有法律、司法解释规定的其他不得担任辩护人和诉讼代理人情形的。

第十条　辩护律师到看守所会见在押的犯罪嫌疑人、被告人，看守所在查验律师执业证书、律师事务所证明和委托书或者法律援助公函后，应当及时安排会见，能当时安排的应当当时安排；不能当时安排的，看守所应当有正当理由并向辩护律师说明情况，并保证辩护律师在四十八小时以内会见到在押的犯罪嫌疑人、被告人。

看守所安排会见不得附加其他条件或者变相要求辩护律师提交法律规定以外的其他文件、材料，不得以未收到办案机关通知为由拒绝安排辩护律师会见。

第十一条　辩护律师有下列情形之一的，看守所不予安排会见在押犯罪嫌疑人、被告人，已经安排会见的，应当终止会见并通知相应的办案机关：

（一）提交的律师执业证书、律师事务所证明、委托书或者法律援助公函虚假或者无效的；

（二）在共同犯罪的案件中，接受同案两名以上犯罪嫌疑人、被告人委托的，或在有关联的案件中，接受两名以上犯罪嫌疑人、被告人委托的；

（三）犯罪嫌疑人、被告人已经有二名律师担任辩护人的；

（四）会见应当经侦查机关许可的犯罪嫌疑人，未经侦查机关许可的；

（五）其他违反会见规定行为的。

第十二条　看守所应当设立会见预约平台，采取网上预约、电话预约等方式为辩护律师会见提供便利，但不得以未预约会见为由拒绝安排辩护律师会见。

第十三条　辩护律师会见在押犯罪嫌疑人、被告人应当在法定工作日进行，经看守所同意，也可以在节假日安排律师会见。

第十四条　辩护律师会见在押犯罪嫌疑人、被告人，看守所为保障监所安全和会见顺利，可以进行安全检查。下列物品不得带入会见场所：

（一）易燃、易爆等危险品；

（二）窃听、窃照等违禁设备；

（三）手机等具备通讯、上网功能的电子产品；

（四）可能影响监所安全的其他违禁品。

辩护律师会见犯罪嫌疑人、被告人时可以使用电脑等电子办公设备。辩护律师因依法履行辩护职责，需要使用录音、录像设备记录会见在押犯罪嫌疑人、被告人情况的，应当经看守所和犯罪嫌疑人、被告人同意。律师不得违反规定，披露，散布相关录音、录像资料。

第十五条 辩护律师会见在押的犯罪嫌疑人、被告人时，看守所应当采取必要措施，保障会见顺利和安全进行；看守所应当保障律师履行辩护职责需要的时间和次数，并与看守所工作安排和办案机关侦查工作相协调。辩护律师会见犯罪嫌疑人、被告人时不被监听，办案机关不得派员在场。在律师会见室不足的情况下，看守所经辩护律师书面同意，可以安排在讯问室会见，但应当关闭录音、监听设备。

辩护律师会见在押的犯罪嫌疑人、被告人时，应当遵守看守所的有关规定。

第十六条 犯罪嫌疑人、被告人委托两名律师担任辩护人的，两名辩护律师可以共同会见，也可以单独会见。辩护律师可以带一名律师助理协助会见。律师助理随同辩护律师参加会见的，应当出示律师事务所证明和律师执业证书或申请律师执业人员实习证。办案机关或看守所应当核实律师助理的身份。律师助理不能同时担任同案犯的会见和辩护工作。

第十七条 在押的犯罪嫌疑人、被告人提出解除委托关系的，办案机关应当要求其出具或签署书面文件，并在三日以内转交受委托的律师或者律师事务所。辩护律师可以要求会见在押的犯罪嫌疑人、被告人，当面向其确认解除委托关系，看守所应当安排会见；但犯罪嫌疑人、被告人书面拒绝会见的，看守所应当将有关书面材料转交辩护律师，不予安排会见。

在押的犯罪嫌疑人、被告人的监护人、近亲属解除代为委托辩护律师关系的，经犯罪嫌疑人、被告人同意的，看守所应当允许新代为委托的辩护律师会见，由犯罪嫌疑人、被告人确认是否同意新的委托关系；犯罪嫌疑人、被告人不同意解除原辩护律师的委托关系或者不同意新代为委托的辩护律师的，看守所应当终止新代为委托的辩护律师会见。

第十八条 辩护律师在侦查期间要求会见危害国家安全犯罪、恐怖活动犯罪、特别重大贿赂犯罪案件在押的犯罪嫌疑人的，应当向侦查机关提出申请。侦查机关应当依法及时审查辩护律师提出的会见申请，在三日以内将是否许可的决定书面答复辩护律师，并明确告知负责与辩护律师联系的部门及工作人员的联系方式。对许可会见的，应当向辩护律师出具许可决定文书；因有碍侦查或者可能泄露国家秘密而不许可会见的，应当向辩护律师说明理由。

辩护律师对案件是否属于危害国家安全犯罪、恐怖活动犯罪、特别重大贿赂犯罪案件有异议的，可以向侦查机关书面提出异议。

第十九条　对于危害国家安全犯罪、恐怖活动犯罪、特别重大贿赂犯罪案件不许可会见的，辩护律师有权向检察机关提出申诉、控告。

检察机关应对律师的申诉，控告进行审查，并将审查情况告知辩护律师。对于申诉、控告属实的，应当通知侦查机关纠正。

第二十条　危害国家安全犯罪、恐怖活动犯罪、特别重大贿赂犯罪案件有碍侦查情形消失后，侦查部门应当在三个工作日内通知辩护律师可以不经许可会见犯罪嫌疑人，并通知看守所或者执行监视居住的公安机关。

对于特别重大贿赂犯罪案件在侦查终结前，侦查机关应当许可辩护律师至少会见一次犯罪嫌疑人。

侦查机关不得随意解释和扩大危害国家安全犯罪、恐怖活动犯罪、特别重大贿赂犯罪案件的范围，限制律师会见。

第二十一条　犯罪嫌疑人、被告人精神异常、突发疾病、住院治疗或被实施强制医疗的，律师会见时医务人员可以在场。

因犯罪嫌疑人、被告人身体原因确实无法在四十八小时内安排律师会见的，看守所应当及时告知辩护律师，并协商解决。

第二十二条　辩护律师接受犯罪嫌疑人、被告人委托或者法律援助机构的指派后，应当及时告知办案机关，并可以依法向办案机关了解犯罪嫌疑人、被告人涉嫌或者被指控的罪名及当时已查明的该罪的主要事实，犯罪嫌疑人、被告人被采取变更、解除强制措施的情况，侦查机关延长侦查羁押期限等情况，办案机关应当依法及时告知辩护律师。

办案机关作出提请逮捕、移送审查起诉、退回补充侦查、提起公诉、延期审理、二审不开庭审理等重大程序性决定的，以及人民检察院将直接受理立案侦查案件报请上一级人民检察院审查决定逮捕的，应当依法及时告知辩护律师。

诉讼中的其他重大程序信息，可能影响辩护人诉讼权利行使的，如撤销案件、不起诉、撤回起诉等相关信息，办案机关应当依法及时告知辩护律师。

第二十三条 辩护律师可以向办案机关了解以下情况：

（一）犯罪嫌疑人涉嫌的罪名，案件性质及已查明的该案的主要事实；

（二）犯罪嫌疑人的羁押场所、羁押时限；

（三）犯罪嫌疑人的身体状况以及认罪态度；

（四）会见在押犯罪嫌疑人是否应当经侦查机关许可；

（五）其他与案件有关的情况。

辩护律师提出要求的，侦查机关应当在工作时间和办公场所当面告知辩护律师上述案件有关情况，告知内容应当制作笔录，由办案人员和辩护律师签名后附卷。

第二十四条 侦查机关应当将犯罪嫌疑人委托辩护律师的情况告知审查起诉的检察机关，并将辩护律师提交的有关材料随卷移送。

第二十五条 律师会见在押犯罪嫌疑人、被告人时，可以了解案件以下情况：

（一）犯罪嫌疑人、被告人的基本情况；

（二）犯罪嫌疑人、被告人涉嫌的罪名；

（三）案件立案、管辖等与案件有关的程序性问题；

（四）与案件有关的法律及其他相关规定的内容；

（五）犯罪嫌疑人、被告人是否实施或参与所涉嫌的犯罪；

（六）犯罪嫌疑人、被告人关于案件事实和情节的陈述；

（七）犯罪嫌疑人、被告人关于无罪、罪轻或者减轻、免除刑事处罚的辩解和证据线索；

（八）被采取强制措施的法律手续是否完备，程序是否合法；

（九）被采取强制措施后其人身权利、诉讼权利是否受到侵犯；

（十）犯罪嫌疑人、被告人对起诉意见书指控的罪名和犯罪事实是否认可；

（十一）案件移送审查起诉后，听取犯罪嫌疑人、被告人对证据的具体意见；

（十二）是否存在非法证据；

（十三）被告人收到起诉书或者一审判决书的时间；

（十四）被告人对起诉书或者一审判决书认定的罪名、犯罪事实，是否认可；

（十五）核实起诉书或者一审判决书中认定的罪名、犯罪事实以及从重、加重情节，听取被告人无罪、罪轻的辩解；

（十六）有无违反诉讼程序的情况；

（十七）其他与案件有关的情况。

第二十六条　辩护律师会见在押的犯罪嫌疑人、被告人，可以根据需要制作会见笔录，并要求犯罪嫌疑人、被告人确认无误后在笔录上签名。

第二十七条　辩护律师会见在押的犯罪嫌疑人、被告人需要翻译人员随同参加的，应当提前向办案机关提出申请，并提交翻译人员身份证明及其所在单位出具的证明。办案机关应当及时审查并在三日以内作出是否许可的决定。许可翻译人员参加会见的，应当向辩护律师出具许可决定文书，并通知看守所。

办案机关不许可的，应当向辩护律师书面说明理由，并通知其更换。翻译人员应当持办案机关许可决定文书和本人身份证明，随同辩护律师参加会见。

办案机关可建立翻译人员名册，辩护律师提出需要聘请翻译人员参加会见的，也可从中选聘。

第二十八条　办案机关应当依法保障律师与犯罪嫌疑人、被告人的通信权，为保证监管场所安全，保障辩护律师依法执业及诉讼活动的顺利进行，通信方式使用明信片。看守所应当向律师提供犯罪嫌疑人、被告人羁押场所的通信地址和邮政编码。

看守所应当及时传递辩护律师同犯罪嫌疑人、被告人的往来信件。看守所可以对信件进行必要的检查，但不得截留，复制、删改信件，不得向办案机关提供信件内容，但信件内容涉及危害国家安全、公共安全、严重危害他人人身安全以及涉嫌串供、毁灭证据等情形的除外。

辩护律师同被监视居住的犯罪嫌疑人、被告人通信，适用本条的规定。

第二十九条　辩护律师自人民检察院对案件审查起诉之日起，可以查阅、摘抄、复制本案的案卷材料。人民检察院检察委员会的讨论记录、人民法院合议庭，审判委员会的讨论记录以及其他依法不能公开的材料除外。人民检察院、人民法院应当为辩护律师查阅、摘抄、复制案卷材料提供便利，有条件的地方可以推行电子化阅卷，允许刻录、下载材料。侦查机关、人民检察院应当将全部案卷材料进行移送，包括犯罪嫌疑人、被告人无罪或罪轻的证据材料。侦查机关应当在案件移送审查起诉后三日以内，人民检察院应当在提起公诉后三日以内，将案件移送情况告知辩护律师。案件提起公诉后，人民检察院对案卷所附证据材料有调整或者补充的，应当及时告知辩护律师。辩护律师对调整或者补充的证据材料，有权查阅、摘抄、复制。辩护律师办理申诉、抗诉案件，在人民检察院、人民法院经审查决定立案后，可以持律师执业证书、律师事务所证明和委托书或者法律援助公函到案卷档案管理部门、持有案卷档案的办案部门查阅、摘抄、复制已经审理终结案件的案卷材料。

第三十条 辩护律师提出阅卷要求的，人民检察院、人民法院应当当时安排辩护律师阅卷，无法当时安排的，应当向辩护律师说明并安排其在三个工作日以内阅卷，不得限制辩护律师阅卷的次数和时间。有条件的地方可以设立阅卷预约平台。

人民检察院、人民法院应当为辩护律师阅卷提供场所和便利，配备必要的设备。因复制材料发生费用的，只收取工本费用。律师办理法律援助案件复制材料发生的费用，应当予以免收或者减收。辩护律师可以采用复印、拍照、扫描、电子数据拷贝等方式复制案卷材料，可以根据需要带律师助理协助阅卷。办案机关应当核实律师助理的身份。

第三十一条 辩护律师查阅、摘抄、复制的案卷材料属于国家秘密的，应当经过人民法院、人民检察院同意并遵守国家保密规定。律师不得违反规定，披露、散布案件重要信息和案卷材料，或者将其用于本案辩护、代理以外的其他用途。人民检察院，人民法院不得随意解释“国家秘密”的范围，限制辩护律师阅卷。

第三十二条 辩护律师提交与案件有关材料的，办案机关应当在工作时间和办公场所予以接待，当面了解辩护律师提交材料的目的，材料的来源和主要内容等有关情况并记录在案，与相关材料一并附卷，并出具回执。辩护律师提出的书面意见和证据材料应当附卷。

辩护律师应当提交原件，提交原件确有困难的，经办案机关准许，也可以提交复印件，经与原件核对无误后由辩护律师签确认。辩护律师通过服务平台网上提交相关材料的，办案机关应当在网上出具回执，辩护律师应当及时向办案机关提供原件核对，并签名确认。

第三十三条 在刑事诉讼审查起诉、审理期间，辩护律师书面申请调取公安机关、人民检察院在侦查、审查起诉期间收集但未提交的证明犯罪嫌疑人、被告人无罪或者罪轻的证据材料的，人民检察院，人民法院应当依法及时审查。经审查，认为辩护律师申请调取的证据材料已收集并且与案件事实联系的，应当及时调取。相关证据材料提交后，人民检察院、人民法院当及时通知辩护律师查阅，摘抄、复制，经审查决定不予调取的，应当书面说明理由。

第三十四条 辩护律师申请向被害人或者其近亲属、被害人提供的证人收集与本案有关的材料的，人民检察院、人民法院应当在七日以内作出是否许可的决定，并通知辩护律师。辩护律师书面提出有关申请时，办案机关不许可的，应当书面说明理由；辩护律师口头提出申请的，办案机关可以口头答复。

第三十五条 辩护律师申请人民检察院、人民法院收集、调取证据的，人民检察院、人民法院应当在三日以内作出是否同意的决定，并通知辩护律师。辩护律师书面提出有关申请时，办案机关不同意的，应当书面说明理由；辩护律师口头提出申请的，办案机关可以口头答复。

人民检察院、人民法院收集、调取证据，可以通知申请调取证据的辩护律师在场。

第三十六条 辩护律师申请向正在服刑的罪犯收集与案件有关的材料的，监狱和其他监管机关在查验律师执业证书、律师事务所证明和犯罪嫌疑人、被告人委托书或法律援助公函后，应当及时安排并提供合适的场所和便利。

正在服刑的罪犯属于辩护律师所承办案件的被害人或者其近亲属。被害人提供的证人的，应当经人民检察院或者人民法院许可。

第三十七条 在民事诉讼、行政诉讼过程中，律师因客观原因无法自行收集证据的，可以依法向人民法院申请调取。经审查符合规定的，人民法院应当予以调取。

经律师申请，由人民法院审查符合相关规定的，可以签发调查令，律师持调查令向有关单位或个人调查收集证据，有关单位或个人应当予以配合。

第三十八条 侦查机关在案件侦查终结前、人民检察院、人民法院在审查批准、决定逮捕期间，辩护律师提出要求的，办案机关应当听取辩护律师的意见。

侦查机关在提请人民检察院审查批准逮捕的同时，应当将犯罪嫌疑人聘请律师的相关文件一并移送人民检察院，同时通知辩护律师案件已经提请人民检察院批准逮捕。

人民检察院审查起诉、第二审人民法院决定不开庭审理的，应当充分听取辩护律师的意见。

对未成年犯罪嫌疑人、被告人适用逮捕措施的，人民检察院、人民法院应当听取辩护律师意见。

人民检察院在批准逮捕、人民法院在决定逮捕期间，案卷材料显示犯罪嫌疑人已经聘请辩护律师的，应当及时与辩护律师取得联系，询问是否就逮捕必要性发表意见。

第三十九条 辩护律师书面申请变更或者解除强制措施的，办案机关应当在三日以内作出处理决定。辩护律师的申请符合法律规定的，办案机关应当及时变更或者解除强制措施；经审查认为不应当变更或者解除强制措施的，应当及时与辩护律师取得联系，询问是否就逮捕必要性发表意见。

第四十条 辩护律师在侦查、审查起诉、审判期间发现案件有关证据存在刑事诉讼法第五十四条规定的情形的，可以向办案机关申请排除非法证据。

辩护律师在开庭以前申请排除非法证据，人民法院对证据收集合法性有疑问的，应当依照刑事诉讼法第一百八十二条第二款的规定召开庭前会议，就非法证据排除问题了解情况，听取意见。

辩护律师申请排除非法证据的，办案机关应当听取辩护律师的意见，按照法定程序审查核实相关证据，并依法决定是否予以排除。

第四十一条 辩护律师遇有下列情形之一，需要人民法院在开庭前作出决定的，可以申请人民法院召集庭前会议，人民法院可以依法召开庭前会议：

（一）案件管辖异议；

（二）回避申请；

（三）申请非法证据排除；

（四）申请调取证据；

（五）是否适用简易程序；

（六）是否公开审理；

（七）协商开庭时间；

（八）申请通知证人出庭作证；

（九）申请鉴定人出庭作证；

（十） 申请专门知识人员出庭；

（十一）申请重新鉴定、勘验；

（十二）是否延期审理；

（十三）否对民事部分调解；

（十四）是否有被告人不在犯罪现场、未达到刑事责任年龄、属于依法不负刑事责任的精神病人的证据；

（十五）申请查看讯问同步录像；

（十六）根据案件情况协调开庭调查方式、举证质证方式、辩论方式、庭审安排等内容等细节；

（十七）被告人的身体状况，是否需要特殊的条件；

（十八）其他与审判相关的事项。

第四十二条　人民法院确定案件开庭日期时，应当为律师出庭预留必要的准备时间并书面通知律师。律师因开庭日期突等正当理由申请变更开庭日期的，人民法院应当在不影响案件审理期限的情况下，予以考虑并调整日期，决定调整日期的，应当及时通知律师。

第四十三条　人民法院应当允许律师根据需要带律师助理参加庭审。律师助理参加庭审从事相关辅助工作，不得发表辩护，代理意见。

第四十四条　人民法院应当建立律师参与诉讼专门通道，律师经查验和登记有效证件后即可进入法院，禁止对律师进行歧视性安检；确需安全检查的，应当与出庭履行职务的检察人员同等对待。

人民法院应当在审判区设置律师更衣室，配备桌椅、饮水，提供资料查询终端、上网等设备设施和业务书籍、诉讼资料等材料，为律师提交材料、庭前准备、休息，更换律师袍等提供便利。

第四十五条　法庭审理过程中，律师申请审判人员、书记员、检察人员、鉴定人、翻译人员回避的，人民法院、人民检察院应当依法作出处理。

第四十六条　法庭审理过程中，经审判长准许，律师可以向当事人、证人、鉴定人和有专门知识的人发问。

律师对检察人员、其他代理人、辩护人的发问提出异议的，审判长应当认真听取，并依法作出处理。

第四十七条　律师可以就证据的真实性、合法性、关联性，从证明目的、证明事实、证明效果、证明标准、证明过程等方面，进行法庭质证和相关辩论。

对于公诉机关移送的案卷材料中有利于被告人的证据，律师可以作为辩方证据当庭出示。

对于公诉人申请出示开庭前未移送人民法院的证据，律师有权提出异议，审判长应当要求公诉人说明理由。律师有权申请休庭。

第四十八条　律师在质证过程中，发现相关线索申请启动非法证据排除程序的，人民法院应当依法作出处理。

第四十九条 法庭审理过程中，人民法院应当保障律师享有充分的辩论权，律师可以就案件事实、证据和适用法律等问题，进行法庭辩论。

律师在法庭上发表辩护意见不受法律追究。但是，发表危害国家安全、恶意诽谤他人、严重扰乱法庭秩序的言论除外。

第五十条 法庭审理过程中，法官应当注重诉讼权利平等和控辩平衡。对于律师发问、质证、辩论的内容、方式、时间等，法庭应当依法公正保障，以便律师充分发表意见，查清案件事实。

法庭审理过程中，法官可以对律师的发问、辩论进行引导，除发言过于重复。相关问题已在庭前会议达成一致、与案件无关、或者侮辱诽谤、威胁他人，故意扰乱法庭秩序的情况外，法官不得随意打断或者制止律师按程序进行的发言。

第五十一条 法庭审理过程中，律师可以提出证据材料，申请通知新的证人、有专门知识的人出庭，申请调取新的证据，申请重新鉴定或者勘验、检查。

在民事诉讼中，申请有专门知识的人出庭，应当在举证期限届满前向人民法院申请，经法庭许可后才可以出庭。

第五十二条 法庭审理过程中，遇有被告人供述发生重大变化。拒绝辩护等重大情形，辩护律师可以申请与被告人进行必要的交流，法院应当给予必要的保障。

第五十三条 法庭审理过程中，有下列情形之一的，律师可以向法庭申请休庭：

（一）辩护律师因法定情形拒绝为被告人辩护的；

（二）被告人拒绝辩为其辩妒的；

（三）需要对新的证据作辩护准备的；

（四）其他严重影响庭审正常进行的情形。

第五十四条 在法庭辩论和被告人的最后陈述中，律师发现有新的或遗漏的事实、证据需要查证的，可以申请恢复法庭调查。

第五十五条 法庭审理过程中，辩护律师作无罪辩护的，可以当庭就量刑问题发表辩护意见，也可以庭后提交量刑辩护意见。对于庭后提交的辩护意见，法官应当认真查阅。

第五十六条 人民法院适用普通程序审理案件，应当在裁判文书中写明律师依法提出的有关事实认定、法律适用、证据分析等方面的辩护、代理意见，以及是否采纳的情况，并说明理由。

第五十七条　法庭审理过程中，律师就回避，案件管辖，非法证据排除，申请通知证人，鉴定人、有专门知识的人出庭，申请通知新的证人到庭，调取新的证据，申请重新鉴定、勘验等问题当庭提出申请，或者对法庭审理程序提出异议的，法庭原则上应当休庭进行审查，依照法定程序作出决定。其他律师有相同异议的，应一并提出，法庭一并休庭审查。法庭经过评议后，应当恢复开庭，宣布其决定。法庭决定驳回申请或者异议的，律师可当庭提出复议并提出复议理由。经复议后，律师应当尊重法庭的决定，服从法庭的安排。

律师不服法庭决定保留意见的内容应当详细记入法庭笔录，可以作为上诉理由，或者向同级或者上一级人民检察院申诉、控告。

第五十八条　律师可以向审理案件的人民法院申请查阅人民法院已经录制的本案庭审过程的全部录音、录像资料，人民法院应当准许。

第五十九条　侦查机关依法对在诉讼活动中涉嫌犯罪的律师采取强制措施后，应当在48小时以内通知其所在的律师事务所和北京市律师协会。

第六十条　律师认为办案机关及其工作人员明显违反法律规定，阻碍律师依法履行辩护、代理职责，侵犯律师执业权利的，可以向该办案机关或者其上一级机关投诉。

办案机关应当畅通律师反映问题和投诉的渠道，明确专门部门负责处理律师投诉，并公开联系方式。

办案机关应当对律师的投诉及时调查，律师要求当面反映情况的，应当当面听取律师的意见。经调查情况属实的，应当依法立即纠正，及时答复律师，做好说明解释工作，并将处理情况通报北京市司法行政机关和北京市律师协会。

第六十一条　律师认为公安机关、人民检察院，人民法院及其工作人员具有下列阻碍其依法行使诉讼权利的行为之一的，可以向同级或者上一级人民检察院申诉或者控告，控告检察部门应当接受并依法办理，相关办案部门应当予以配合：

（一）对律师提出的回避要求不予受理或者对不予回避决定不服的复议申请不予受理的；

（二）未依法告知犯罪嫌疑人、被告人有权委托辩护人或申请法律援助权利的；

（三）未转达在押的或者被监视居住的犯罪嫌疑人，被告人委托辩护人或申请法律援助的要求的；

（四）应当通知而不通知法律援助机构为符合条件的犯罪嫌疑人、被告人或者被申请强制医疗的人指派律师提供辩护或者法律援助的；

（五）在规定时间内不受理，不答复辩护律师提出的变更强制措施申请或者解除强制措施要求的；

（六）未依法告知辩护律师犯罪嫌疑人涉嫌的罪名和案件有关情况的；

（七）违法限制辩护律师同在押、被监视居住的犯罪嫌疑人、被告人会见和通信的；

（八）违法不允许辩护律师查阅、摘抄、复制本案的案卷材料的；

（九）违法限制辩护律师收集、核实有关证据材料的；

（十）没有正当理由不同意辩护律师提出的收集、调取证据或者通知证人出庭作证的申请，或者不答复、不说明理由的；

（十一）未依法提交证明犯罪嫌疑人、被告人无罪或者罪轻的证据材料的；

（十二）未依法听取律师的意见的；

（十三）未依法将开庭的时间、地点及时通知律师的；

（十四）未依法向律师及时送达本案的法律文书或者及时告知案件移送情况的；

（十五）阻碍律师在法庭审理过程中依法行使诉讼权利的；

（十六）其他阻碍律师依法行使诉讼权利的。

律师认为看守所及其工作人员有阻碍其依法行使诉讼权利的行为，向人民检察院申诉或者控告的，监所检察部门应当接收并依法办理；控告检察部门收到申诉或者控告的，应当及时移送监所检察部门办理。

律师依照前款规定提出申诉、控告的，人民检察院应当在受理后十日以内进行审查。情况属实的，通知有关机关予以纠正，并将处理情况书面答复律师。情况不属实的，做好说明解释工作。

人民检察院应当依法严格履行保障律师依法执业的法律监督职责，处理律师申诉控告。发现有阻碍律师依法行使诉讼权利行为的，应当依法、及时提出纠正意见。

第六十二条　律师认为看守所及其工作人员有阻碍其依法行使诉讼权利的

行为，也可以向北京市公安局监所管理总队提出。

北京市公安局监所管理总队应设立专门部门，负责接待处理律师投诉并及时进行处理。

第六十三条　人民检察院有关工作部门应当加强保障律师依法会见在押人员的法律监督工作，监督并保障律师依法会见犯罪嫌疑人的权利。

人民检察院有关工作部门对辩护律师向其提出的阻碍或限制其会见的投诉应当受理，并履行监督职责，对确实阻碍、限制辩护律师纠正的，应当监督其纠正。

第六十四条　办案机关或者其上一级机关、人民检察院对律师提出的投诉、申诉、控告，经调查核实后要求有关机关予以纠正，有关机关拒不纠正或者累纠累犯的，应当由相关机关的纪检监察部门依照有关规定调查处理，相关责任人构成违纪的，给予纪律处分，将处理情况通报市级司法行政机关和北京市律师协会。

第六十五条　律师认为办案机关及其工作人员阻碍其依法行使执业权利的，可以向其所执业律师事务所所在地的区司法行政机关、律师协会，申请维护执业权利；对于案情重大、严重影响律师执业权利的，也可以直接向市律师协会申请维权。情况紧急的，可以向事发地的司法行政机关、律师协会申请维护执业权利。

司法行政机关、律师协会应当建立维护律师执业权利快速处置机制和联动机制，市律师协会成立专门机构，开通维权热线和律师维权信箱，指派专人负责律师维权工作。对于律师的维权申请合法有据的，司法行政机关、律师协会应及时启动维权程序，加强向上级部门的请示报告以及与有关部门的沟通协调，建议办案机关依法处理。办案机关应当处理情况及时反馈司法行政机关、律师协会。

司法行政机关、律师协会持有关证明调查核实律师权益保障或者违纪有关情况的，办案机关应当予以配合、协助，提供相关材料。

第六十六条　人民法院、人民检察院、公安机关、国家安全机关、司法行政机关和律师协会应当建立律师执业权利保障工作联席会议制度，定期沟通工作情况，及时调查处理侵犯律师执业权利的突发事件。

第六十七条　人民法院、人民检察院、公安机关、国家安全机关、司法行政机关依法严肃查处假冒律师执业和非法从事法律服务的行为，依法规范法律服务秩序。对未取得律师执业证书或者已经被注销、吊销执业证书的人员以律师名义提供法律服务或者从事相关活动的，或者利用相关法律关于公民代理的规定从事诉讼代理或者辩护业务非法牟利的，公安机关、人民法院、人民检察院应依法追究责任;造成严重后果的,依法追究刑事责任。

第六十八条 本规定所称“办案机关”,是指负责侦查、审查逮捕、审查起诉和审判工作的公安机关、国家安全机关、人民检察院和人民法院。

第六十九条 本规定所称“律师助理”,是指辩护、代理律师所在律师事务所的其他律师和申请律师执业实习人员。

第七十条 本规定自2016年2月1日起施行。北京市原有规定与本规定不一致的,以本规定为准。

17. 北京市司法局关于印发《北京市律师执业管理办法实施细则》的通知（摘录）

(2017年12月01日 京司发〔2017〕83号)

各区司法局,市局机关各处室,市律师协会:

《北京市律师事务所管理办法实施细则》经2017年第21次局长办公会讨论通过。现印发给你们,请认真组织学习,遵照执行。

北京市司法局

2017年12月1日

北京市律师执业管理办法实施细则

第四章 监督管理

第二十二条 【执业原则】律师执业必须遵守宪法和法律,恪守职业道德和执业纪律,服从司法行政机关的业务指导和执业监督,做到依法执业、诚信执业、规范执业,不断提高执业水平,依法维护委托人的合法权益。

第二十三条 【律师权利】律师事务所的聘用律师享有获得劳动报酬,享受社会保险待遇和福利待遇的权利。

第二十四条 【专职执业】律师只能在一个律师事务所执业。

律师在从业期间应当专职执业，但兼职律师或者法律、行政法规另有规定的除外。

律师执业，应当遵守所在律师事务所的执业管理制度，接受律师事务所的指导和监督，参加律师执业年度考核。

第二十五条　【禁止性规定及罚则】律师具有司法部《律师执业管理办法》第二十八条及第三十四条至第四十二条规定情形的，依照《律师法》第四十七条、第四十八条、第四十九条相关规定给予行政处罚。

第二十六条　【律师协会管理】律师应当加入律师协会，享有律师协会章程规定的权利，履行律师协会章程规定的义务。

第二十七条　【执业考核】律师的业务培训、职业道德、执业纪律教育和执业活动考核，由律师协会具体组织实施。

申请律师执业人员的实习活动和实习考核由律师协会负责。

重新申请律师执业的人员、变更执业机构和申请加入本市会员的律师，应当接受本市律师协会组织的培训、品行鉴定、执业经历审查。

律师事务所新任负责人、新设立所的合伙人和新执业律师应当按照规定参加律师协会组织的教育培训。

第二十八条　【职责划分】对律师的首次投诉原则上由律师协会受理。投诉受理、办理的有关规定由市司法局另行制定。

市、区律师协会要切实加强行业自律管理，加大律师行业监督力度，主动调查处理通过网络等渠道发现的律师违规线索，及时受理查处对律师违规执业的投诉，严格依据行业规范开展惩戒工作。

第二十九条　【衔接机制】完善司法行政机关和律师协会惩戒工作衔接机制。律师协会对律师作出行业惩戒的，应当自行业惩戒生效之日起5个工作日内向司法行政机关报告。律师协会认为律师违规执业行为依法应当给予行政处罚的，应当书面建议司法行政机关作出相应行政处罚，并移交相关证据材料。

第三十条　【行政管理】市、区司法局应当依法履行对律师协会的指导、监督职责，支持律师协会依照《律师法》和协会章程、行业规范对律师执业活动实行行业自律，建立健全行政管理与行业自律相结合的协调、协作机制。

第三十一条　【行政管理】市、区司法局应当依法履行对律师执业活动的监督指导职责，综合运用行政约谈、行政检查、行政投诉和行政处罚等管理手段，规范律师执业行为，保障律师正当执业权利。

第三十二条　【暂停措施】律师因涉嫌犯罪被采取刑事强制措施的，应当暂停履行律师职务。

第三十三条　【区局职权】区司法局履行下列监督管理职责：

（一）检查监督律师在执业活动中遵守法律、法规、规章和职业道德、执业纪律的情况；

（二）掌握本行政区域律师队伍建设和发展情况，制定加强律师队伍建设的措施和办法；

（三）受理对律师的举报和投诉；

（四）监督律师履行行政处罚和实行整改的情况；

（五）组织开展对律师执业的专项检查或者专项考核工作；

（六）对律师进行表彰；

（七）依法定职权对律师的违法行为实施行政处罚。对经行政处罚立案调查查明事实后依法应当给予吊销律师执业证书处罚的，向市司法局提出处罚建议；

（八）掌握律师事务所对律师执业年度考核的情况，并对考核结果实行备案监督；

（九）受理、审查律师执业、变更执业机构、执业证书注销申请事项；

（十）建立律师执业档案，负责有关律师执业许可、变更、注销等信息的公开工作；

（十一）法律、法规、规章规定的其他职责。

区司法局在开展日常监督管理过程中，发现、查实律师在执业活动中存在问题的，应当对其进行警示谈话，责令改正，并对其整改情况进行监督；认为需要给予行业惩戒的，移送律师协会处理。发现律师可能存在应予行政处罚情形的，应当及时立案调查，依法作出处理。

第三十四条　【市局职权】市司法局履行下列监督管理职责：

（一）掌握、评估本行政区域律师队伍建设情况和总体执业水平，制定律师队伍的发展规划和有关政策，制定加强律师执业管理的规范性文件；

（二）监督、指导区司法局对律师执业的监督管理工作，组织、指导对律师执业的专项检查或者专项考核工作；

（三）组织对律师的表彰活动；

（四）依法对律师的严重违法行为实施吊销律师执业证书的处罚，监督、指导区司法局的行政处罚工作，办理有关行政复议和申诉案件；

（五）办理律师执业核准、变更执业机构核准和执业证书注销事项；

（六）负责有关本行政区域律师队伍、执业情况、管理事务等重大信息的公开工作；

（七）法律、法规、规章规定的其他职责。

第三十五条　【协调机制】根据《律师和律师事务所违法行为处罚办法》规定，对律师的违法行为由注册地司法行政机关实施行政处罚，行为发生地司法行政机关发现律师涉嫌违法违规执业的，应当向注册地司法行政机关提出处罚意见和建议。注册地司法行政机关收到意见建议后应当立案调查，一般于60日内办结，情况复杂的可以延长办理时限30日，并将查处结果反馈行为发生地司法行政机关。行为发生地司法行政机关不同意处罚意见的，应当报共同上级司法行政机关审查。上级司法行政机关应当对两地司法行政机关意见和相关证据材料进行审查，提出处理意见。涉及律师跨区域违规执业行业惩戒工作，参照上述规定执行。

第三十六条　【直接处罚】法院生效判决裁定认定的事实已经过严格的举证、质证等诉讼程序，司法行政机关、律师协会可以直接根据法院生效判决裁定认定的事实作出处罚、行业惩戒决定，有相反证据足以推翻的除外。

律师因故意犯罪被判处刑罚的，司法行政机关、律师协会可以直接根据法院生效判决吊销律师执业证书、取消会员资格，不再重复调查。

第三十七条　【证书处理】律师受到停止执业处罚的，应当自处罚决定生效后至处罚期限届满前，将律师执业证书缴存其律师事务所所在地区司法局。

第三十八条　【情况反馈】人民法院、人民检察院、公安机关、国家安全机关或者其他有关部门对律师的违法违规行为向司法行政机关、律师协会提出予以处罚、处分建议的，司法行政机关、律师协会应当自作出处理决定之日起七日内通报建议机关。

第三十九条　【责任落实】市、区司法行政机关、律师协会要严格执行司法部《律师执业管理办法》《律师事务所管理办法》和律师协会行业规范等规定，切实履行监管职责，积极主动开展工作，依法及时调查处理律师和律师事务所违法违规行为。对于影响大或者久拖不决的违法违规行为，上级司法行政机关和律师协会实行挂牌督办。要加强律师惩戒工作专项督查,加大投诉处理工作监督力度,并在适当范围内通报督查情况。对工作不力,推诿、懈怠,失职、渎职,造成不良社会影响的,予以通报批评;情节严重的,建议纪检监察、组织人事部门追究相关人员责任。

18. 朝阳区关于贯彻落实《北京市关于依法保障律师执业权利实施细则》的办法

(朝司发[2016]90号)

第一条 为贯彻落实北京市律师工作会议精神及《北京市关于依法保障律师执业权利实施细则》相关规定,切实保障律师执业权利,充分发挥律师维护当事人合法权益、维护法律正确实施、维护社会公平和正义的作用,促进司法公正,特制定本办法。

第二条 区人民法院、区人民检察院、区公安分局、区国家安全分局、区司法局和区律师协会应建立律师执业权利保障工作联席会议制度,并安排专门工作人员负责协调沟通联席会相关事宜。

第三条 区人民法院、区人民检察院、区公安分局、区国家安全分局、区司法局和区律师协会应建立健全律师执业权利救济机制,并指定专门的机构、人员接受、处理律师因依法执业受到侵害的申诉和控告。

第四条 律师依法在区人民法院、区人民检察院、区公安分局、区国家安全分局、区司法局和区律师协会执业或办理事务活动中,受到言语侮辱、诽谤、威胁、报复的,所在机关应当及时制止。如发生危及律师人身安全之情形,律师可向所在机关提出人身保护申请,所在机关工作人员(如审判长、检察官等)应指派其安全保卫人员(如法警、安保人员等)对律师采取保护措施,必要时应向律师提供临时安全场所,以保障律师的人身安全,并及时通报区司法局、区律师协会。所在机关应对律师提供安全保障直至威胁律师人身安全的因素消失且律师安全离开所在机关为止。

第五条 对于在押或者被指定居所监视居住的犯罪嫌疑人、被告人提出委托辩护人,或者要求通知监护人、近亲属代为委托辩护,但犯罪嫌疑人、被告人指定的辩护人拒绝接受委托或者其监护亲属拒绝为其委托辩护人，且犯罪嫌疑人、被告人另行委托辩护人又确有困难的，办案机关可以依法通知区法律援助中心为其推荐辩护律师。

区法律援助中心应在接到通知后三个工作日内依法作出是否推荐的书面决定并通知申请人，同时函告办案机关案件管理部门。决定推荐律师的，应于决定之日起三个工作日内从区法律援助中心志愿律师名录中挑选律师完成推荐并函告办案机关案件管理部门。

区法律援助中心决定推荐律师，但案件涉及外国人犯罪、重大疑难等情形，区法律援助中心认为志愿律师名录中的律师不能胜任工作的，可以通知区律师协会协助推荐辩护律师。区律师协会应在接到通知后三个工作日内根据区法律援助中心的需要从执业三年以上且三年内未受过行政处罚及行业纪律处分的本区律师中完成推荐，并将拟推荐律师的个人基本信息转交区法律援助中心。

第六条　辩护律师接受犯罪嫌疑人、被告人委托或者区法律援助中心的指派后，应当在三个工作日内由本人或授权委托他人告知办案机关，并可以依法向办案机关了解犯罪嫌疑人、被告人涉嫌成者被指控的罪名及当时已查明的该罪的主要事实，犯罪嫌疑人、被告人被采取、变更、解除强制措施的情况，侦查机关延长侦查羁押期限等情况，办案机关应当在作出上述决定后三个工作日内告知辩护律师。辩护律师不得妨碍诉讼程序的正常进行。

第七条　办案机关作出提请逮捕，移送审查起诉、退回补充侦查、提起公诉、延期审理、二审不开庭审理等重大程序性决定的，以及区人民检察院将直接受理立案侦查案件报请上一级人民检察院审查决定逮捕的，应当在作出上述决定后三个工作日内告知辩护律师。

诉讼中的其他重大程序信息，可能影响辩护人诉讼权利行使的，如撤销案件、决定不起诉、撤回起诉等相关信息，办案机关应在作出上述决定后三个工作日内告知辩护律师。

第八条　辩护律师有权向办案机关了解以下情况：

（一）犯罪嫌疑人涉嫌的罪名、案件性质及已查明的该案的主要事实；

（二）犯罪嫌疑人的羁押场所、羁押时限；

（三）犯罪嫌疑人的身体状况以及认罪态度；

（四）在侦查期间会见的在押犯罪嫌疑人是否因涉及危害国家安全犯罪、恐怖活动犯罪、特别重大贿赂犯罪案件而需经侦查机关许可；

（五）其他与案件有关的情况。

辩护律师提出要求了解上述情况的，侦查机关应在辩护律师提出要求后三个工作日内的工作时间和办公场所当面告知辩护律师上述案件有关情况，且不得以侦查尚未终结等理由拒绝告知。

侦查机关不按上述规定告知辩护律师案件有关情况的，辩护律师可以向区人民检察院申诉或控告。对于申诉、控告属实的，区人民检查院应当通知侦查机关纠正。

第九条 区看守所设立网上会见预约平台并开通电话预约专线，采取网上预约、电话预约的方式为辩护律师会见提供便利，但不得以未预约会见为由拒绝安排辩护律师会见。

第十条 辩护律师会见在押犯罪嫌疑人、被告人应当在法定工作日进行。特别重大案件以及确有特殊事由需在节假日会见的案件，律师需提前七个工作日向区看守所提出书面申请。区看守所在接到申请后二个工作日内作出是否许可的书面决定并告知辩护律师。

第十一条 辩护律师会见犯罪嫌疑人、被告人时可以使用电脑等电子办公设备。辩护律师因依法履行辩护职责，需要使用录音（无通讯功能）、录像设备记录会见在押犯罪嫌疑人、被告人情况的，应当提前向区看守所提出书面申请并经区看守所和犯罪嫌疑人、被告人同意。律师不得违反规定，披露、散布相关录音、录像资料。

第十二条 区看守所应充分利用现有会见窗口，最大限度减少律师轮候时间。

在律师会见室不足的情况下，辩护律师会见在押的犯罪嫌疑人、被告人时，区看守所经辩护律师书面同意，可以安排在讯问室会见，但应当关闭录音、监听设备。辩护律师也可主动提出该申请，看守所审查后同意的，应及时安排。

第十三条 犯罪嫌疑人、被告人委托两名律师担任辩护人的，一名辩护律师可以共同会见，也可以单独会见。每名辩护律师可带一名律师助理协助会见。律师助理随同辩护律师参加会见的，应当出示律师事务所证明和律师执业证书或申请律师执业人员实习证，办案机关或区看守所应当核实律师助理的身份。律师助理不能同时担任同案犯的会见和辩护工作。

第十四条　辩护律师会见在押的犯罪嫌疑人、被告人需要翻译人员随同参加的，应当提前三个工作日向办案机关提出书面申请，并提交翻译人员身份证明及其所在单位出具的证明。办案机关可建立翻译人员名册，辩护律师也可从中选择翻译人员，通过此种方式选择的翻译人员不需提交身份证明及其所在单位出具的证明，只需向办案机关提交书面申请即可。

办案机关应当及时审查并在三个工作日以内作出是否许可的决定。许可翻译人员参加会见的，应当向辩护律师出具许可决定文书，并同时通知看守所。办案机关不许可的，应当向辩护律师书面说明理由，并通知其更换。

第十五条　辩护律师在侦查期间要求会见危害国家安全犯罪、恐怖活动犯罪、特别重大贿赂犯罪案件在押的犯罪嫌疑人的，应当向侦查机关提出书面申请。侦查机关应当依法及时审查辩护律师提出的会见申请，并在接到书面申请后三个工作日以内将是否许可的决定书面答复辩护律师，并明确告知负责与辩护律师联系的部门及工作人员的联系方式。对许可会见的，应当向辩护律师出具许可决定文书；因有碍侦查或者可能泄露国家秘密等法定事由而不许可会见的，应当向辩护律师说明理由，且理由应明确具体。

第十六条　辩护律师对案件是否属于危害国家安全犯罪，恐怖活动犯罪、特别重大贿赂犯罪案件有异议的，可以向侦查机关提出书面异议。侦查机关应在收到书面异议后三个工作日内给予书面说明。

第十七条　危害国家安全犯罪、恐怖活动犯罪、特别重大贿赂犯罪案件有碍侦查情形消失后，侦查部门应当在三个工作日内通知辩护律师可以不经许可会见犯罪嫌疑人，并通知看守所或者执行监视居住的公安机关。辩护律师认为有碍侦查情形消失的，可以向侦查部门提出书面申请，侦查部门应及时审查并在三个工作日内向辩护律师说明情况。

第十八条　对于危害国家安全犯罪、恐怖活动犯罪、特别重大贿赂犯罪案件不许可会见的，辩护律师有权向区人民检察院提出申诉、控告。

区人民检察院应对律师的申诉、控告进行审查，并在接到申诉控告申请及相关材料后三个工作日内将审查情况告知辩护律师。对于申诉、控告属实的，应当通知侦查机关纠正。

第十九条　辩护律师自区人民检察院对案件审查起诉之日起，可以查阅、摘抄、复制本案的案卷材料，区人民检察院检察委员会的讨论记录、区人民法院合议庭、审判委员会的讨论记录以及其他依法不能公开的材料除外。

案件提起公诉后，区人民检察院对案卷所附证据材料有调整或者补充的，应当在调整或者补充完成后二个工作日内告知辩护律师。辩护律师对调整或者补充的证据材料，有权查阅、摘抄、复制。

第二十条 区人民检察院、区人民法院应开通阅卷预约电话，并在具备相应条件后在各自的官网上设立阅卷预约平台，采用网络预约与电话预约相结合的方式接受律师的阅卷申请。区人民检察院可通过高检院统一设立的“人民检察院案件信息公开网”平台接受阅卷预约。

第二十一条 区人民检察院、区人民法院应当为辩护律师提供场所和便利，配备必要的设备。辩护律师可以采用复印、拍照、扫描、电子数据拷贝等方式复制案卷材料。

第二十二条 辩护律师提交与案件有关材料的，办案机关应在辩护律师提出要求后合理时间内的工作时间和办公场所予以接待，当面了解辩护律师提交材料的目的、材料的来源和主要内容等有关情况并记录在案，与相关材料一并附卷，并当场出具回执，回执中应载明材料名称、份数等基本信息。辩护律师提出的书面意见和证据材料应当附卷。

辩护律师应当提交原件，提交原件确有困难的，由辩护律师提出书面申请并说明理由，经办案机关准许，也可以提交复印件，经与原件核对无误后由辩护律师签名确认。

第二十三条 在刑事诉讼审查起诉，审理期间，辩护律师书面申请调取区公安分局、区人民检察院在侦查、审查起诉期间收集但未提交的证明犯罪嫌疑人、被告人无罪或者罪轻的证据材料的，区人民检察院、区人民法院应当依法及时审查并在辩护律师提交书面申请后三个工作日内作出是否调取的决定并通知辩护律师。经审查，认为辩护律师申请调取的证据材料已收集并且与案件事实有联系的，应当决定调取并在合理时间内完成。相关证据材料调取完成二个工作日内，区人民检察院、区人民法院应当及时通知辩护律师查阅、摘抄、复制。经审查决定不予调取的，应当在作出不予调取决定后三个工作日通知辩护律师并说明理由。

第二十四条 辩护律师书面申请变更或者解除强制措施的，办案机关应当在三个工作日以内作出处理决定。辩护律师的申请符合法律规定的，办案机关应当及时变更或者解除强制措施；经审查认为不应当变更或者解除强制措施的，应当告知辩护律师,并书面说明理由。

第二十五条　区人民检察院在批准逮捕、区人民法院在决定逮捕期间,案卷材料显示犯罪嫌疑人已经聘请辩护律师的,应当及时与辩护律师取得联系,询问是否就逮捕必要性发表意见。辩护律师表示需要发表意见的,应在三个工作日内向征询意见的机关提交书面意见,辩护律师也可主动向区人民检察院、区人民法院就逮捕必要性发表意见,区人民检察院、区人民法院应将该意见附卷。

第二十六条　律师认为办案机关及其工作人员明显违反法律规定,阻碍律师依法履行辩护、代理职责,侵犯律师执业权利的,可以向该办案机关或者其上一级机关投诉。

办案机关应当畅通律师反映问题和投诉的渠道,明确专门部门、开通专门热线、公开联系方式,并在官网上设立投诉专栏,安排专人负责处理律师投诉。

办案机关应当对律师的投诉及时调查,律师要求当面反映情况的,应当当面听取律师的意见。经调查情况属实的,应当依法立即纠正,及时答复律师,做好说明解释工作,并将处理情况通报区司法局和区律师协会。

第二十七条　区人民法院应建立和完善诉讼服务中心、阅卷室,方便律师办理立案,阅卷、提出法律意见,案件材料递送、参与庭审、申请执行等事务。

第二十八条　区人民法院应当建立律师参与诉讼专门通道,律师经查验和登记有效证件后即可进入法院。确需安全检查的,应当与出庭履行职务的检察人员同等对待。禁止对律师进行歧视性安检。

第二十九条　区人民法院在具备相应条件后应设立专门通道用于律师进入法庭审理区。

第三十条　区人民法院应设置专门的律师休息室,并配备资料查询终端、上网等设备设施和业务书籍、诉讼资料等材料,为律师庭前准备、休息等提供便利。律师休息室应禁止当事人进入。

第三十一条　法庭审理过程中,律师申请审判人员、书记员、检察人员、鉴定人、翻译人员、有专门知识的人回避的,区人民法院、区人民检察院应当依法作出处理。

第三十二条　法庭审理过程中,遇有被告人供述发生重大变化、拒绝辩护等重大情形,辩护律师可以申请与被告人进行必要的交流,法院应当给予必要的保障。辩护律师因此申请休庭的,法庭应根据实际情况在审核后作出决定。

第三十三条 对于公诉机关移送的案卷材料中有利于被告人的证据，律师可以作为辩方证据当庭出示。

对于公诉人申请出示开庭前未移送区人民法院的证据，律师有权提出异议，审判长应当要求公诉人说明理由。律师有权因此申请休庭，经审查依法符合休庭条件的，审判长应准予休庭。

第三十四条 法庭审理过程中，区人民法院应当保障律师享有充分的辩论权、代理权，律师可以就案件事实、证据和适用法律等问题，进行法庭辩论，区人民法院不应随意打断或制止辩护人、代理人的发言。

第三十五条 法庭审理过程中，辩护律师作无罪辩护的，可以当庭就量刑问题发表辩护意见，也可以庭后提交量刑辩护意见。区人民法院不得以无罪与量刑相矛盾为由不允许辩护律师发表量刑辩护意见。

第三十六条 区人民法院应当允许律师根据需要带律师助理参加庭审。律师助理可以在代理席或辩护席入座参加庭审，但只能从事相关辅助工作，不得发表辩护、代理意见。

第三十七条 人民法院适用普通程序审理案件，应当在裁判文书中写明律师依法提出的有关事实认定、法律适用、证据分析等方面的辩护、代理意见，并阐明是否采纳及具体理由。

第三十八条 在民事诉讼、行政诉讼过程中，律师因客观原因无法自行收集证据的，可以依法向区人民法院申请调取。区人民法院应当在收到申请后三个工作日内决定是否调取并通知律师。经审查符合规定的，区人民法院应当予以调取；区人民法院决定不予调取的，应当庭向律师说明理由并在裁判文书中阐明。

第三十九条 经律师申请，由区人民法院审查符合相关规定的，可以签发调查令，律师持调查令向有关单位或个人调查收集证据，有关单位或个人应当予以配合。拒不配合的，区人民法院应责令其按照调查令的要求提供相关证据。

第四十条 区司法局、区律师协会应当建立维护律师执业权利快速处置机制和联动机制，开通专门热线接待律师的申诉和控告，及时安排专人负责协调处理。对于律师的维权申请合法有据的，区司法局、区律师协会应及时启动维权程序，加强向上级部门的请示报告以及与有关部门的沟通协调，建议有关办案机关依法处理。办案机关应当将处理情况及时反馈区司法局、区律师协会。

区司法局、区律师协会应在收到办案机关处理情况反馈后三个工作日内将反馈结果通知律师。

第四十一条　侦查机关依法对在诉讼活动中涉嫌犯罪的律师采取强制措施后，应当在四十八小时之内通知其所在的律师事务所和区律师协会。

区律师协会应在接到通知后二十四小时之内向区司法局汇报基本情况，并同时向侦查机关进一步了解相关情况。

区司法局、区律师协会应与侦查机关保持沟通，了解案件进展情况。

第四十二条　本办法所称“办案机关”，是指负责侦查、审查逮捕、审查起诉和审判工作的区公安分局、区国家安全分局、区人民检察院院和区人民法院。

第四十三条　本办法所称“律师助理”，是指辩护、代理律师所在律师事务所的其他律师和申请律师执业实习人员。

第四十四条　本办法未规定之事项，区人民法院、区人民检察院、区公安分局、区国家安全分局、区司法局和区律师协会应本着充分保障律师执业权利的原则共同协商确定。

第四十五条　本办法自2016年11月1日起施行。

附件：

1.《朝阳区律师执业权利保障救济规则》

2.《朝阳区律师执业权利保障工作联席会议工作规则》

3.《北京市朝阳区司法局维权协助函》

4.《北京市朝阳区司法局协助调查函》

附件1：

朝阳区律师执业权利保障救济规则

第一条　为进一步明确《朝阳区关于贯彻落实〈北京市关于依法保障律师执业权利实施细则〉的办法》的相关规定，有力保障律师执业权利，促进司法公正，结合我区实际，特制定本规则。

第二条　区人民法院、区人民检察院、区公安分局、区国家安全分局、区司法局和区律师协会应建立健全律师执业权利救济机制。各成员单位应指定专门科室的专门工作人员负责接待律师因依法执业受到侵害而提出的申诉或控告。

第三条 律师依法在区人民法院、人民检察院、区公安分局、区国家安全分局执业或办理事务活动中因下列事项向办案机关申诉或控告，办案机关应接待律师并启动相应法律救济程序：

（一）律师的人身权利受到侵害，如言语侮辱、诽谤、威胁、报复、限制人身自由以及人身伤害等情形；

（二）律师的执业权利受到侵害，如未按照法律、法规及司法解释等有关规定允许律师行使阅卷权，调查取证权，会见权，通信权，出庭权，法庭审理过程中的发问权、质证权、参加辩论的权利、提出新证据的权利等情形。

第四条 律师向办案机关提出申诉或控告的，办案机关应在五个工作日内审查完毕并作出是否启动相关救济程序的决定，同时通知律师并通报区司法局或区律师协会。

律师向非办案机关提出申诉或控告的，接待申诉或控告的单位应及时告知律师应向办案机关提出申诉或控告，同时将律师申诉或控告的情况通报办案机关及区司法局或区律师协会。

第五条 律师就同一事项向办案机关和非办案机关同时提出申诉或控告的，由办案机关负责接待并履行本规则第四条第一款规定之义务。

第六条 区司法局、区律师协会在接到律师的申诉、控告或其他机关的通报后，对于律师的维权申请合法有据的，应及时启动维权程序，加强向上级部门的请示报告以及与有关部门的沟通协调，建议办案机关依法处理。办案机关应当将处理情况及时反馈区司法局、区律师协会。

第七条 律师申诉或控告的事项符合本规则第三条规定之情形的，办案机关应作出启动救济程序的决定。决定不启动救济程序的，应向律师说明理由。

第八条 办案机关接到申诉或控告事项后，应由专门负责人员对申诉或控告事项的材料进行整理并上报至主管领导安排处理。专门负责的工作人员应跟踪了解申诉或控告案件的处理情况，并及时与律师沟通。

第九条 办案机关对申诉或控告事项审查后，应形成书面的处理意见、告知律师，并将处理情况及时通报区司法局和区律师协会。申诉或控告事项经调查情况属实的，应当依法立即纠正，并作好说明解释工作。办案机关应在区律师执业权利保障工作联席会议上通报申诉或控告案件的审查处理情况。

第十条 本规则所称"办案机关"是指与律师申诉或控告事项相对应的区人民法院、区人民检察院、区公安分局、区国家安全分局。

附件2：

朝阳区律师执业权利保障工作联席会议工作规则

第一条 为进一步明确《朝阳区关于贯彻落实〈北京市关于依法保障律师执业权利实施细则〉的办法》的相关规定，加强法律职业共同体之间的沟通与交流，更有效地保障律师执业权利，促进司法公正，结合我区实际，特制定本工作规则。

第二条 朝阳区建立律师执业权利保障工作联席会议（以下简称"联席会议"）制度。联席会议应定期召开，各成员单位通过联席会议沟通近期工作情况，并及时调查处理侵犯律师执业权利的突发事件。

第三条 联席会议由区委政法委领导，区人民法院、区人民检察院、区公安分局、区国家安全分局、区司法局和区律师协会主管领导组成。

第四条 联席会议设联络办公室，由各成员单位指定专门科室的专门工作人员作为联络办公室工作人员，区委政法委指派的联络办公室工作人员为联络办公室负责人。联络办公室设在区委政法委。

第五条 联席会议联络办公室工作人员负责沟通协调联席会议相关事宜。联席会议成员单位变更联络办公室工作人员的，应及时通知其他成员单位。

第六条 联席会议原则上每年的一月和七月召开，根据工作需要，由区委政法委协调可提前或延期召开。联席会议具体召开时间、地点、形式等由区委政法委确定，并由联席会议联络办公室工作人员负责沟通安排。

如遇紧急情况，联席会议成员单位认为应当召开联席会议时，可随时提请区委政法委决定并组织安排召开。

第七条 联席会议议事内容：

（一）传达和学习中央、市委市政府以及上级机关有关保障律师执业权利的文件和指示；

（二）各成员单位通报上半年度保障律师执业权利工作情况、律师执业违纪违法情况及下半年度工作安排；

（三）研究制定与保障律师执业权利有关的规定、细则、办法等文件；

（四）讨论研究当前保障律师执业权利工作中的重要问题，提出解决问题的思路和办法；

（五）其他与保障律师执业权利有关的事项。

第八条 联席会议议事程序：

（一）会前协商确定议题。联席会议议题由各成员单位事先向区委政法委提出，由区委政法委确定最终议题。议题提出单位应做好议题相关材料的准备工作；

（二）会上讨论研究。联席会议由区委政法委组织各成员单位对议题充分发表意见，逐项进行讨论研究；

（三）如需形成决议的，由联席会议各成员单位在充分讨论研究的基础上共同作出。

第九条 联席会议由专人负责记录并存档。联席会议讨论决定的重要事项和问题，要及时形成会议纪要，各成员单位应按分工职责贯彻落实，并在下期联席会议上对决定事项的落实情况进行通报。

第十条 联席会议作出的决定，视决定内容在适当范围内予以通报。

附件3：

北京市朝阳区司法局维权协助函

京朝司维字[　　]第　号
司法局/律师协会：
现有我辖区北京律师事务所律师因申请维权，因侵权行为地在贵省市区（县）。按照全国律协《律师协会维护律师执业权利规则（试行）》的有关规定，特请求贵会予以协助，维权申请及相关材料已随函一并转交。
此函
北京市朝阳区司法局 年　月　日

附件4：

北京市朝阳区司法局
协助调查函

朝律发[　]第　号

：

我会在处理律师申诉/控告一案中，需要核实/查询事项，特请贵单位协助调查以下问题并提供相关材料：

1.

2.

3.

请贵单位在调查结果及相关材料上加盖公章后及时函告我局。

联系人：　　　　　　　　　　　　联系电话：

北京市朝阳区司法局

年　月　日

注：

1. 本函仅限于我局调查核实律师权益保障或违纪有关情况时使用；

2. 本函一式二份，贵单位留存一份，我会归档留存一份。

19. 北京市高级人民法院关于保障律师执业权利维护司法公正的意见（试行）

（2005年07月20日）

为依法充分保障律师执业权利，维护当事人的合法权益，根据《中华人民共和国律师法》等有关法律规定，结合本市法院审判工作实际，特提出如下意见：

第一条　充分保障律师在刑事诉讼审判阶段会见被告人的权利。对律师依法提出申请会见在押被告人的，办案人员应根据律师的申请，及时办理律师会见被告人的相关事宜。

办案人员在收到律师提交的授权委托书或法律援助机构出具的专用介绍信、律师执业证、律师事务所出具的关于申请会见在押被告人的公函后，应当在三日内为律师办理会见的公函。对律师申请在开庭前会见被告人的，在不影响按时开庭审理的情况下，办案人员可以安排庭前会见。

第二条 充分保障律师阅卷的权利。对律师提出阅卷要求的，法院应当依照法律规定向律师提交有关诉讼材料。刑事案件应将公诉、侦查机关移送的诉讼材料提交给律师。各法院应为律师提供阅卷场所，阅卷后需要复印相关材料的，所在法院应当提供方便。

第三条 充分保障律师按期出庭参加案件审理的权利。受理案件的法院应当严格依照法律的有关规定，在开庭三日以前（刑事再审为七日以前），将开庭的时间、地点、合议庭组成人员或独任审判员等有关事宜通知律师，保障律师按期出庭参加案件审理。

第四条 充分保障律师请求改期审理的权利。对律师有正当理由不能按期出庭，请求变更开庭时间的，办案人员应当认真进行审查，在确认理由正当，不属于借故拖延诉讼或不影响案件审理期限的情况下，可以另行安排开庭时间，并及时通知双方当事人及其委托的律师。

第五条 充分保障律师依法行使法庭辩论或辩护的权利。在刑事案件审理中，办案人员应当保障刑事控辩双方依法平等行使诉讼权利，充分听取辩护律师关于无罪或罪轻的辩护意见，认真审查律师提供的有利于被告人的证据；在民事、行政案件审理中，应当保障双方律师依法平等充分地行使辩论等各项诉讼权利。

第六条 充分保障律师依法申请法院调取证据的权利。律师在担任当事人的代理人或者辩护人时，因客观原因不能自行调查收集证据，向人民法院提出申请的，办案人员应当认真进行审查，并根据证据规则的规定和案情及时决定是否依职权调取证据；对不应由法院调取证据的，应当向律师进行说明。

律师对法院不予调取证据决定申请复议的，所在法院应当在三日之内作出复议答复。

第七条 在刑事案件二审审理中，律师向法院提供新的证据或请求传唤新的证人出庭作证，对一审认定的事实确有影响，需要经过庭审质证、认证的，二审法院应当通知检察机关阅卷、交换证据并派员出庭进行开庭审理。

第八条 办案人员制作法律文书时，应当归纳和叙述律师的主要辩护或代理意见。对律师的辩护或代理意见予以采纳的，应当在法律文书中明确予以肯定，不采纳的应当予以说明。

第九条 充分保障律师申请案件执行调查令的权利。在案件执行阶段，实行委托调查制度。经申请执行人申请，法院执行部门审查后，可以签发调查令，指定申请执行人的代理律师持调查令向有关单位或个人调查收集特定证据。

调查令适用于对有关被执行人的财产状况和实际履行能力的证据的调查收集，但法律、司法解释明确规定必须由人民法院执行人员调查收集的证据除外。具体按照《北京市高级人民法院关于委托调查制度的若干意见（试行）》执行。

第十条　充分保障律师依法了解案件进展情况的知情权。探索建立法官与律师相互间正常、规范、良好的工作关系和沟通渠道，共同维护司法公正。办案人员应当严格执行公开审判制度，经律师询问应依法告知案件审判进程的相关情况。

第十一条　律师持本人有效律师执业证依法参加诉讼，进入法院时，律师本人及携带的诉讼材料、物证、笔记本电脑和公务用包等免予安全检查。

第十二条　积极为律师提供工作上的便利。法院应设立律师更衣室，为律师更换律师服提供便利。有条件的法院可分设男、女律师更衣室，并配置衣柜、座椅等必要设施。

第十三条　为便于群众委托律师诉讼，全市各法院应当在立案接待大庭公布本市所有注册律师事务所的住所地及联系电话。

第十四条　本意见从下发之日起执行。

20. 北京市第四中级人民法院关于充分保障律师执业权利共同维护司法公正的若干规定（试行）

（2015 年 08 月 08 日）

为推进法律职业共同体建设，进一步加强律师执业权利保障，共同促进司法公正，依据《刑事诉讼法》《民事诉讼法》《行政诉讼法》《律师法》等法律法规和司法解释的规定，结合我院工作实际，制定本规定。

第一条　尊重和保障律师执业权利，是有效发挥律师在查明事实、保护诉权、公正裁判中的重要作用，是保障各项诉讼活动顺利开展，妥善化解社会矛盾的必然要求。法官及法院其他工作人员要从全面推进依法治国的高度，充分认识其重要性，按照法律规定为律师执业提供支持和便利，保障律师依法参与诉讼，共同促进司法公正、维护法律正确实施。

第二条 法官及法院其他工作人员应充分尊重律师执业权利，遵循尊重、理解、友善的原则，合法、合理、合情地处理好与律师的关系，推进法官和律师在实现社会公平正义过程中的良性互动。

第三条 法官在审判活动中应当恪守中立原则，平等对待并保障各方诉讼参与人及其代理人的合法权益，避免产生司法不公的合理怀疑。

第四条 建立律师安全检查“绿色通道”，对律师参与诉讼或履行职责进入法院时，经查验和登记有效证件，免于安全检查。探索设立律师立案专门窗口，便捷律师立案。

第五条 在审判区设置律师工作室，提供桌椅、资料查询终端、WiFi 等设备和业务书籍、诉讼资料等材料，为律师提交材料、庭前准备、休息、更换律师袍等提供便利。

第六条 支持律师队伍建设，创造条件为实习律师开展相关工作提供便利。实习律师可持律师授权委托书开展相关立案工作。

第七条 进一步便利律师参与诉讼，建立健全诉讼服务体系，确保为律师提供的诉讼服务实现均等化、便捷化、体系化和标准化。

第八条 充分利用网络技术，方便律师通过互联网开展网上预约立案、查询案件审判动态信息、查阅档案等诉讼活动。在立案诉讼服务大厅、审判区等场所配置上网终端设备，方便律师随时查询相关材料。

第九条 法院应严格执行审判公开各项制度，及时将开庭时间、地点及审判流程等信息告知律师。

第十条 确定案件开庭时间后，律师提出调整原定开庭时间申请的案件承办法官应当及时审查并告知审查结果。如因法官原因无法按时开庭的，承办法官应在预定开庭时间届至前三日告知律师并作出说明。

第十一条 充分保障律师的阅卷权，在接到律师提出的阅卷申请后及时安排查阅、摘录、复印案件材料（查阅、摘抄、复印案件材料的范围依照《人民法院诉讼档案管理办法》等相关规定确定）。因工作原因无法及时安排的，应及时向律师说明情况并在三个工作日内予以安排。

第十二条 充分保障律师的知情权，在案件审理过程中，律师向法院了解其代理案件进展情况的，除审判秘密外，法院工作人员应当予以告知。以下信息法院相关工作人员应主动、及时告知律师：

（一）变更合议庭成员的；

（二）延期审理的；

（三）延长审理期限的；

（四）建议检察机关补充侦查的；

（五）委托鉴定、评估、拍卖的；

（六）其他与案件进展有关的情况。

第十三条　实行调查令制度，在民事诉讼中或在案件执行阶段，经当事人申请，由法院审查符合相关规定的，签发调查令，指定当事人的代理律师持调查令向有关单位或个人调查收集证据。

第十四条　律师申请变更刑事被告人强制措施的，应当说明理由，承办法官或合议庭收到申请后，应及时作出决定；不同意变更强制措施的，应当告知申请人，并说明理由。

第十五条　法官应保障各方当事人的律师有平等、充分发表意见的权利，认真听取各方律师意见，保证律师发言的完整性，但对与案件无关、重复、进行人身攻击或者公开开庭审理中涉及国家秘密、商业秘密和个人隐私的发言，应当及时提醒、制止。

第十六条　充分保障律师在庭审中发表质证、辩论意见以及发问的权利，必要时可主动归纳要点，再询问律师是否有其他补充，或视情况休庭与律师进行交流。

第十七条　对律师提出的请求法院依职权调取证据的申请，法院应及时审查并作出决定。决定不予调取的，应及时向律师释明原因。

第十八条　充分尊重律师的辩护和代理意见，合议庭评议应对律师意见给予充分讨论，裁判文书应当准确归纳律师对案件事实及法律适用的主要观点和意见，对各方的争议焦点应着重分析，阐明采纳或不予采纳的理由。

第十九条　对律师依法提交的书面辩护和代理意见，应当附卷。

第二十条　充分尊重和保障律师人格尊严，法官和其他工作人员在诉讼过程中不得使用训斥、嘲讽等不尊重律师的语言语气，不应有指责或贬损律师的言行。因当事人情绪异常等原因影响庭审正常进行，律师认为有必要进行庭下交流的，可以提出休庭申请，法庭应当根据实际情况即时作出决定。

第二十一条 充分保护律师在诉讼过程中的人身安全,律师在法院履职期间被辱骂、威胁、殴打的,法官及其他工作人员应及时对其予以制止。对情节严重的,依法对相关当事人予以警示或采取强制措施。

第二十二条 对决定、裁定、裁决、判决等各类法律文书,应按照法律规定及时并优先向律师送达。

第二十三条 案件审判、执行过程中和审理、执行终结后,法官及法院工作人员不得以明示或暗示的方式建议或要求当事人更换代理、辩护律师。

第二十四条 完善律师对法官违法违纪行为的投诉及反馈机制,律师对法官及法院其他工作人员妨碍、侵害其执业权利的行为有权依照相关程序提出申诉、控告。法院对律师的投诉、控告应由专门机构责成专人及时开展独立的调查核实工作,并及时给予答复;对于答复不服的,可以另行组织人员进行一次复议。

第二十五条 进一步畅通与律师协会和律师的沟通渠道,与律师协会建立常态化沟通联络机制,定期听取律师对法院工作的意见,规范法官和律师相互关系,为法官与律师的正常沟通交流创造条件。

第二十六条 引入律师参与多元解纠机制,充分发挥律师在矛盾化解中的独特作用优势,共同做好诉讼调解、行政协调、执行和解、信访化解等工作,形成化解矛盾纠纷、维护司法公正的合力。

第二十七条 增强法院与律师协会和律师的良性互动,注重在审判疑难问题、法院工作重大事项研究及论证中听取律师意见,进一步促进法院决策的科学化水平。

第二十八条 发挥律师在推进法官自治管理方面的积极作用,在法官管理委员会中引入律师作为监督评价法官工作的主体之一,邀请律师参加法官会议并就相关重大疑难法律适用问题开展研讨。

第二十九条 探索建立从律师队伍中遴选法官机制,推动法官队伍建设有序发展。

第三十条 本规定自发布之日起执行。

第六部分　行业规范

1. 中华全国律师协会章程
（摘录）

（2018 年 07 月 01 日第九届全国律师代表大会第二次会议修订）

第二章　职　　责

第六条　本会履行下列职责：

（一）保障律师依法执业，维护律师的合法权益；

（二）总结、交流律师工作经验；

（三）制定行业规范和惩戒规则；

（四）组织律师业务培训和职业道德、执业纪律教育，对律师的执业活动进行考核；

（五）组织管理申请律师执业人员的实习活动，对实习人员进行考核；

（六）对律师、律师事务所实施奖励和惩戒；

（七）受理对律师的投诉或者举报，调解律师执业活动中发生的纠纷；

（八）法律、行政法规和规章规定的其他职责。

第三章　会　　员

第七条　本会会员分为团体会员和个人会员。

依照律师法取得律师执业证书的律师，为本会个人会员；依法批准设立的律师事务所为本会团体会员。

个人会员是中国共产党党员的，应当履行党员义务，享有党员权利，自觉接受党组织的监督。符合设立党组织条件的团体会员应当根据中国共产党章程的规定，设立党的组织，开展党的活动，加强党的建设。

第八条　个人会员的权利：

（一）享有表决权、选举权和被选举权；

（二）享有依法执业保障权；

（三）参加本会组织的学习和培训；

(四)参加本会组织的专业研究和经验交流活动;

(五)享受本会举办的福利;

(六)使用律师协会的图书、资料、网络和信息资源;

(七)提出立法、司法和行政执法的意见和建议;

(八)对本会的工作进行监督,提出批评和建议;

(九)通过本会向有关部门反映意见。

第九条 个人会员的义务:

(一)遵守本会章程,执行本会决议;

(二)遵守律师执业行为规范,遵守本会行业规则和准则;

(三)接受本会的指导、监督和管理;

(四)承担本会委托的工作;

(五)承担律师协会委托的工作,履行律师协会规定的法律援助义务;

(六)自觉维护律师职业声誉,维护会员间的团结;

(七)按规定交纳会费。

第十条 团体会员的权利:

(一)参加本会举办的会议和其他活动;

(二)使用本会的信息资源;

(三)对本会工作进行民主监督,提出意见和建议。

第十一条 团体会员的义务:

(一)遵守本会章程;

(二)遵守本会的行业规范,执行本会决议;

(三)教育律师遵守律师执业行为规范;

(四)组织律师参加本会的各项活动;

(五)制定、完善内部规章制度;

(六)为律师行使权利、履行义务提供必要条件;

(七)组织和参加律师执业责任保险;

(八)对实习律师加强管理;

(九)对律师的执业活动进行考核;

(十)按规定交纳会费;

(十一)承担本会委托的工作。

第十二条　个人会员应当在本人执业注册所在地的省、自治区、直辖市律师协会办理会员登记手续。

2. 律师执业行为规范(试行)
(摘录)

(2018 年 12 月 13 日)

第二章　律师执业基本行为规范

第六条　律师应当忠于宪法、法律,恪守律师职业道德和执业纪律。

律师不得利用律师身份和以律师事务所名义炒作个案,攻击社会主义制度,从事危害国家安全活动,不得利用律师身份煽动、教唆、组织有关利益群体,干扰、破坏正常社会秩序,不得利用律师身份教唆、指使当事人串供、伪造证据,干扰正常司法活动。

第七条　律师应当诚实守信、勤勉尽责,依据事实和法律,维护当事人合法权益,维护法律正确实施,维护社会公平和正义。

第八条　律师应当注重职业修养,自觉维护律师行业声誉。

第九条　律师应当保守在执业活动中知悉的国家秘密、商业秘密,不得泄露当事人的隐私。

律师对在执业活动中知悉的委托人和其他人不愿泄露的情况和信息,应当予以保密。但是,委托人或者其他人准备或者正在实施的危害国家安全、公共安全以及其他严重危害他人人身、财产安全的犯罪事实和信息除外。

第十条　律师应当尊重同行,公平竞争,同业互助。

第十一条　律师协会倡导律师关注、支持、积极参加社会公益事业。

第十二条　律师在执业期间不得以非律师身份从事法律服务。

律师只能在一个律师事务所执业。

律师不得在受到停止执业处罚期间继续执业,或者在律师事务所被停业整顿期间、注销后继续以原所名义执业。

第十三条　律师不得在同一案件中为双方当事人担任代理人,不得代理与本人或者其近亲属有利益冲突的法律事务。

第十四条 律师担任各级人民代表大会常务委员会组成人员的，任职期间不得从事诉讼代理或者辩护业务。

第十五条 律师不得为以下行为：

（一）产生不良社会影响，有损律师行业声誉的行为；

（二）妨碍国家司法、行政机关依法行使职权的行为；

（三）参加法律所禁止的机构、组织或者社会团体；

（四）其他违反法律、法规、律师协会行业规范及职业道德的行为；

（五）其他违反社会公德，严重损害律师职业形象的行为。

第三章 律师业务推广行为规范

第一节 业务推广原则

第十六条 律师和律师事务所推广律师业务，应当遵守平等、诚信原则，遵守律师职业道德和执业纪律，遵守律师行业公认的行业准则，公平竞争。

第十七条 律师和律师事务所应当通过提高自身综合素质、提高法律服务质量、加强自身业务竞争能力的途径，开展、推广律师业务。

第十八条 律师和律师事务所可以依法以广告方式宣传律师和律师事务所以及自己的业务领域和专业特长。

第十九条 律师和律师事务所可以通过发表学术论文、案例分析、专题解答、授课、普及法律等活动，宣传自己的专业领域。

第二十条 律师和律师事务所可以通过举办或者参加各种形式的专题、专业研讨会，宣传自己的专业特长。

第二十一条 律师可以以自己或者其任职的律师事务所名义参加各种社会公益活动。

第二十二条 律师和律师事务所在业务推广中不得为不正当竞争行为。

第二节 律师业务推广广告

第二十三条 律师和律师事务所为推广业务，可以发布使社会公众了解律师个人和律师事务所法律服务业务信息的广告。

第二十四条 律师发布广告应当遵守国家法律、法规、规章和本规范。

第二十五条 律师发布广告应当具有可识别性,应当能够使社会公众辨明是律师广告。

第二十六条 律师广告可以以律师个人名义发布,也可以以律师事务所名义发布。以律师个人名义发布的律师广告应当注明律师个人所任职的执业机构名称,应当载明律师执业证号。

第二十七条 具有下列情况之一的,律师和律师事务所不得发布律师广告:

(一)没有通过年度考核的;

(二)处于停止执业或停业整顿处罚期间的;

(三)受到通报批评、公开谴责未满一年的。

第二十八条 律师个人广告的内容,应当限于律师的姓名、肖像、年龄、性别,学历、学位、专业、律师执业许可日期、所任职律师事务所名称、在所任职律师事务所的执业期限;收费标准、联系方法;依法能够向社会提供的法律服务业务范围;执业业绩。

第二十九条 律师事务所广告的内容应当限于律师事务所名称、住所、电话号码、传真号码、邮政编码、电子信箱、网址;所属律师协会;所内执业律师及依法能够向社会提供的法律服务业务范围简介;执业业绩。

第三十条 律师和律师事务所不得以有悖律师使命、有损律师形象的方式制作广告,不得采用一般商业广告的艺术夸张手段制作广告。

第三十一条 律师广告中不得出现违反所属律师协会有关律师广告管理规定的内容。

第三节 律师宣传

第三十二条 律师和律师事务所不得进行歪曲事实和法律,或者可能使公众对律师产生不合理期望的宣传。

第三十三条 律师和律师事务所可以宣传所从事的某一专业法律服务领域,但不得自我声明或者暗示其被公认或者证明为某一专业领域的权威或专家。

第三十四条 律师和律师事务所不得进行律师之间或者律师事务所之间的比较宣传。

第四章　律师与委托人或当事人的关系规范

第一节　委托代理关系

第三十五条　律师应当与委托人就委托事项范围、内容、权限、费用、期限等进行协商，经协商达成一致后，由律师事务所与委托人签署委托协议。

第三十六条　律师应当充分运用专业知识，依照法律和委托协议完成委托事项，维护委托人或者当事人的合法权益。

第三十七条　律师与所任职律师事务所有权根据法律规定、公平正义及律师执业道德标准，选择实现委托人或者当事人目的的方案。

第三十八条　律师应当严格按照法律规定的期间、时效以及与委托人约定的时间办理委托事项。对委托人了解委托事项办理情况的要求，应当及时给予答复。

第三十九条　律师应当建立律师业务档案，保存完整的工作记录。

第四十条　律师应谨慎保管委托人或当事人提供的证据原件、原物、音像资料底版以及其他材料。

第四十一条　律师接受委托后，应当在委托人委托的权限内开展执业活动，不得超越委托权限。

第四十二条　律师接受委托后，无正当理由不得拒绝辩护或者代理、或以其他方式终止委托。委托事项违法、委托人利用律师提供的服务从事违法活动或者委托人故意隐瞒与案件有关的重要事实的，律师有权告知委托人并要求其整改，有权拒绝辩护或者代理、或以其他方式终止委托，并有权就已经履行事务取得律师费。

第四十三条　律师在承办受托业务时，对已经出现的和可能出现的不可克服的困难、风险，应当及时通知委托人，并向律师事务所报告。

第二节　禁止虚假承诺

第四十四条　律师根据委托人提供的事实和证据，依据法律规定进行分析，向委托人提出分析性意见。

第四十五条　律师的辩护、代理意见未被采纳，不属于虚假承诺。

第三节　禁止非法牟取委托人权益

第四十六条　律师和律师事务所不得利用提供法律服务的便利，牟取当事人争议的权益。

第四十七条　律师和律师事务所不得违法与委托人就争议的权益产生经济上的联系，不得与委托人约定将争议标的物出售给自己；不得委托他人为自己或为自己的近亲属收购、租赁委托人与他人发生争议的标的物。

第四十八条　律师事务所可以依法与当事人或委托人签订以回收款项或标的物为前提按照一定比例收取货币或实物作为律师费用的协议。

第四节　利益冲突审查

第四十九条　律师事务所应当建立利益冲突审查制度。律师事务所在接受委托之前，应当进行利益冲突审查并作出是否接受委托决定。

第五十条　办理委托事务的律师与委托人之间存在利害关系或利益冲突的，不得承办该业务并应当主动提出回避。

第五十一条　有下列情形之一的，律师及律师事务所不得与当事人建立或维持委托关系：

（一）律师在同一案件中为双方当事人担任代理人，或代理与本人或者其近亲属有利益冲突的法律事务的；

（二）律师办理诉讼或者非诉讼业务，其近亲属是对方当事人的法定代表人或者代理人的；

（三）曾经亲自处理或者审理过某一事项或者案件的行政机关工作人员、审判人员、检察人员、仲裁员，成为律师后又办理该事项或者案件的；

（四）同一律师事务所的不同律师同时担任同一刑事案件的被害人的代理人和犯罪嫌疑人、被告人的辩护人，但在该县区域内只有一家律师事务所且事先征得当事人同意的除外；

（五）在民事诉讼、行政诉讼、仲裁案件中，同一律师事务所的不同律师同时担任争议双方当事人的代理人，或者本所或其工作人员为一方当事人，本所其他律师担任对方当事人的代理人的；

（六）在非诉讼业务中，除各方当事人共同委托外，同一律师事务所的律师同时担任彼此有利害关系的各方当事人的代理人的；

（七）在委托关系终止后，同一律师事务所或同一律师在同一案件后续审理或者处理中又接受对方当事人委托的；

（八）其他与本条第（一）至第（七）项情形相似，且依据律师执业经验和行业常识能够判断为应当主动回避且不得办理的利益冲突情形。

第五十二条 有下列情形之一的，律师应当告知委托人并主动提出回避，但委托人同意其代理或者继续承办的除外：

（一）接受民事诉讼、仲裁案件一方当事人的委托，而同所的其他律师是该案件中对方当事人的近亲属的；

（二）担任刑事案件犯罪嫌疑人、被告人的辩护人，而同所的其他律师是该案件被害人的近亲属的；

（三）同一律师事务所接受正在代理的诉讼案件或者非诉讼业务当事人的对方当事人所委托的其他法律业务的；

（四）律师事务所与委托人存在法律服务关系，在某一诉讼或仲裁案件中该委托人未要求该律师事务所律师担任其代理人，而该律师事务所律师担任该委托人对方当事人的代理人的；

（五）在委托关系终止后一年内，律师又就同一法律事务接受与原委托人有利害关系的对方当事人的委托的；

（六）其他与本条第（一）至第（五）项情况相似，且依据律师执业经验和行业常识能够判断的其他情形。

律师和律师事务所发现存在上述情形的，应当告知委托人利益冲突的事实和可能产生的后果，由委托人决定是否建立或维持委托关系。委托人决定建立或维持委托关系的，应当签署知情同意书，表明当事人已经知悉存在利益冲突的基本事实和可能产生的法律后果，以及当事人明确同意与律师事务所及律师建立或维持委托关系。

第五十三条 委托人知情并签署知情同意书以示豁免的，承办律师在办理案件的过程中应对各自委托人的案件信息予以保密，不得将与案件有关的信息披露给相对人的承办律师。

第五节 保管委托人财产

第五十四条 律师事务所可以与委托人签订书面保管协议，妥善保管委托人财产,严格履行保管协议。

第五十五条 律师事务所受委托保管委托人财产时,应当将委托人财产与律师事务所的财产、律师个人财产严格分离。

第六节 转 委 托

第五十六条 未经委托人同意,律师事务所不得将委托人委托的法律事务转委托其他律师事务所办理。但在紧急情况下,为维护委托人的利益可以转委托,但应当及时告知委托人。

第五十七条 受委托律师遇有突患疾病、工作调动等紧急情况不能履行委托协议时,应当及时报告律师事务所,由律师事务所另行指定其他律师继续承办,并及时告知委托人。

第五十八条 非经委托人的同意,不能因转委托而增加委托人的费用支出。

第七节 委托关系的解除与终止

第五十九条 有下列情形之一的,律师事务所应当终止委托关系:

(一)委托人提出终止委托协议的;

(二)律师受到吊销执业证书或者停止执业处罚的,经过协商,委托人不同意更换律师的;

(三)当发现有本规范第五十一条规定的利益冲突情形的;

(四)受委托律师因健康状况不适合继续履行委托协议的,经过协商,委托人不同意更换律师的;

(五)继续履行委托协议违反法律、法规、规章或者本规范的。

第六十条 有下列情形之一,经提示委托人不纠正的,律师事务所可以解除委托协议:

(一)委托人利用律师提供的法律服务从事违法犯罪活动的;

(二)委托人要求律师完成无法实现或者不合理的目标的;

(三)委托人没有履行委托合同义务的;

(四)在事先无法预见的前提下,律师向委托人提供法律服务将会给律师带来不合理的费用负担,或给律师造成难以承受的、不合理的困难的;

(五)其他合法的理由的。

第六十一条 律师事务所依照本规范第五十九条、第六十条的规定终止代理或者解除委托的，委托人与律师事务所协商解除协议的，委托人单方终止委托代理协议的，律师事务所有权收取已提供服务部分的费用。

第六十二条 律师事务所与委托人解除委托关系后，应当退还当事人提供的资料原件、物证原物、视听资料底版等证据，并可以保留复印件存档。

第五章 律师参与诉讼或仲裁规范

第一节 调 查 取 证

第六十三条 律师应当依法调查取证。

第六十四条 律师不得向司法机关或者仲裁机构提交明知是虚假的证据。

第六十五条 律师作为证人出庭作证的，不得再接受委托担任该案的辩护人或者代理人出庭。

第二节 尊重法庭与规范接触司法人员

第六十六条 律师应当遵守法庭、仲裁庭纪律，遵守出庭时间、举证时限、提交法律文书期限及其他程序性规定。

第六十七条 在开庭审理过程中，律师应当尊重法庭、仲裁庭。

第六十八条 律师在执业过程中，因对事实真假、证据真伪及法律适用是否正确而与诉讼相对方意见不一致的，或者为了向案件承办人提交新证据的，与案件承办人接触和交换意见应当在司法机关内指定场所。

第六十九条 律师在办案过程中，不得与所承办案件有关的司法、仲裁人员私下接触。

第七十条 律师不得贿赂司法机关和仲裁机构人员，不得以许诺回报或者提供其他利益（包括物质利益和非物质形态的利益）等方式，与承办案件的司法、仲裁人员进行交易。

律师不得介绍贿赂或者指使、诱导当事人行贿。

第三节 庭审仪表和语态

第七十一条 律师担任辩护人、代理人参加法庭、仲裁庭审理，应当按照规定穿着律师出庭服装，佩戴律师出庭徽章，注重律师职业形象。

第七十二条 律师在法庭或仲裁庭发言时应当举止庄重、大方，用词文明、得体。

第六章 律师与其他律师的关系规范

第一节 尊重与合作

第七十三条 律师与其他律师之间应当相互帮助、相互尊重。

第七十四条 在庭审或者谈判过程中各方律师应当互相尊重，不得使用挖苦、讽刺或者侮辱性的语言。

第七十五条 律师或律师事务所不得在公众场合及媒体上发表恶意贬低、诋毁、损害同行声誉的言论。

第七十六条 律师变更执业机构时应当维护委托人及原律师事务所的利益；律师事务所在接受转入律师时，不得损害原律师事务所的利益。

第七十七条 律师与委托人发生纠纷的，律师事务所的解决方案应当充分尊重律师本人的意见，律师应当服从律师事务所解决纠纷的决议。

第二节 禁止不正当竞争

第七十八条 律师和律师事务所不得采用不正当手段进行业务竞争，损害其他律师及律师事务所的声誉或者其他合法权益。

第七十九条 有下列情形之一的，属于律师执业不正当竞争行为：

（一）诋毁、诽谤其他律师或者律师事务所信誉、声誉；

（二）无正当理由，以低于同地区同行业收费标准为条件争揽业务，或者采用承诺给予客户、中介人、推荐人回扣、馈赠金钱、财物或者其他利益等方式争揽业务；

（三）故意在委托人与其代理律师之间制造纠纷；

（四）向委托人明示或者暗示自己或者其属的律师事务所与司法机关、政府机关、社会团体及其工作人员具有特殊关系；

（五）就法律服务结果或者诉讼结果作出虚假承诺；

（六）明示或者暗示可以帮助委托人达到不正当目的，或者以不正当的方式、手段达到委托人的目的。

第八十条 律师和律师事务所在与行政机关、行业管理部门以及企业的接触

中,不得采用下列不正当手段与同行进行业务竞争:

(一)通过与某机关、某部门、某行业对某一类的法律服务事务进行垄断的方式争揽业务;

(二)限定委托人接受其指定的律师或者律师事务所提供法律服务,限制其他律师或律师事务所正当的业务竞争。

第八十一条 律师和律师事务所在与司法机关及司法人员接触中,不得采用利用律师兼有的其他身份影响所承办业务正常处理和审理的手段进行业务竞争。

第八十二条 依照有关规定取得从事特定范围法律服务的律师或律师事务所不得采取下列不正当竞争的行为:

(一)限制委托人接受经过法定机构认可的其他律师或律师事务所提供法律服务;

(二)强制委托人接受其提供的或者由其指定的律师提供的法律服务;

(三)对抵制上述行为的委托人拒绝、中断、拖延、削减必要的法律服务或者滥收费用。

第八十三条 律师或律师事务所相互之间不得采用下列手段排挤竞争对手的公平竞争:

(一)串通抬高或者压低收费;

(二)为争揽业务,不正当获取其他律师和律师事务所收费报价或者其他提供法律服务的条件;

(三)泄露收费报价或者其他提供法律服务的条件等暂未公开的信息,损害相关律师事务所的合法权益。

第八十四条 律师和律师事务所不得擅自或者非法使用社会专有名称或者知名度较高的名称以及代表其名称的标志、图形文字、代号以混淆误导委托人。

本规范所称的社会特有名称和知名度较高的名称是指:

(一)有关政党、司法机关、行政机关、行业协会名称;

(二)具有较高社会知名度的高等法学院校或者科研机构的名称;

(三)为社会公众共知、具有较高知名度的非律师公众人物名称;

(四)知名律师以及律师事务所名称。

第八十五条 律师和律师事务所不得伪造或者冒用法律服务荣誉称号。使用已获得的律师或者律师事务所法律服务荣誉称号的,应当注明获得时间和期限。律师和律师事务所不得变造已获得的荣誉称号用于广告宣传。律师事务所已撤销的，其原取得的荣誉称号不得继续使用。

第七章　律师与所任职的律师事务所关系规范

第八十六条　律师事务所是律师的执业机构。律师事务所对本所执业律师负有教育、管理和监督的职责。

第八十七条　律师事务所应当建立健全执业管理、利益冲突审查、收费与财务管理、投诉查处、年度考核、档案管理、劳动合同管理等制度，对律师在执业活动中遵守职业道德、执业纪律的情况进行监督。

第八十八条　律师事务所应当依法保障律师及其他工作人员的合法权益，为律师执业提供必要的工作条件。

第八十九条　律师承办业务，由律师事务所统一接受委托，与委托人签订书面委托合同，按照国家规定统一收取费用。

第九十条　律师及律师事务所必须依法纳税。

第九十一条　律师事务所应当定期组织律师开展时事政治、业务学习，总结交流执业经验，提高律师执业水平。

第九十二条　律师事务所应当认真指导申请律师执业实习人员实习，如实出具实习鉴定材料和相关证明材料。

第九十三条　律师事务所不得从事法律服务以外的经营活动。

第九十四条　律师和律师事务所应当按照国家规定履行法律援助义务，为受援人提供法律服务，维护受援人的合法权益。

第九十五条　律师事务所不得指派没有取得律师执业证书的人员或者处于停止执业处罚期间的律师以律师名义提供法律服务。

第九十六条　律师事务所对受其指派办理事务的律师辅助人员出现的错误，应当采取制止或者补救措施，并承担责任。

第九十七条　律师事务所有义务对律师、申请律师执业实习人员在业务及职业道德等方面进行管理。

第八章　律师与律师协会关系规范

第九十八条　律师和律师事务所应当遵守律师协会制定的律师行业规范和

规则。律师和律师事务所享有律师协会章程规定的权利，承担律师协会章程规定的义务。

第九十九条 律师应当参加、完成律师协会组织的律师业务学习及考核。

第一百条 律师参加国际性律师组织并成为其会员的，以及以中国律师身份参加境外会议等活动的，应当报律师协会备案。

第一百零一条 律师和律师事务所因执业行为成为刑、民事被告，或者受到行政机关调查、处罚的，应当向律师协会书面报告。

第一百零二条 律师应当积极参加律师协会组织的律师业务研究活动，完成律师协会布置的业务研究任务，参加律师协会组织的公益活动。

第一百零三条 律师应当妥善处理律师执业中发生的纠纷，履行经律师协会调解达成的调解协议。

第一百零四条 律师应当执行律师协会就律师执业纠纷作出的处理决定。

律师应当履行律师协会依照法律、法规、规章及律师协会章程、规则作出的处分决定。

第一百零五条 律师应当按时缴纳会费。

3. 律师协会维护律师执业权利规则（试行）
（摘录）

（2017 年 03 月 20 日）

第一章　总　　则

第一条 为切实保障律师执业权利，充分发挥律师维护当事人合法权益、维护法律正确实施、维护社会公平和正义的作用，促进司法公正，根据《中华人民共和国律师法》和《最高人民法院、最高人民检察院、公安部、国家安全部、司法部关于依法保障律师执业权利的规定》以及《中华全国律师协会章程》等有关规定，制定本规则。

第二条 律师协会保障律师依法执业，维护律师的合法权益适用本规则。

第三条 律师依法享有的执业权利受法律保护，任何组织和个人不得妨碍、侵害律师的合法权利。

第四条　律师协会应当坚持在个案中维护律师执业权利和维护律师行业整体权益相结合，切实改善律师执业环境。

第五条　律师协会应当充分履行维护律师执业权利的法定职责，依法、规范、及时、有效地开展维护律师执业权利工作。

第六条　律师协会应当健全完善维护律师执业权利工作制度，完善工作机制，规范工作流程，畅通维护律师执业权利渠道，形成维护律师执业权利的工作体系。

第七条　律师协会应当构建与司法机关、政府有关部门良性互动关系，加强与司法行政机关的协调配合，切实维护律师执业权利。

第八条　各律师协会应当相互配合、相互支持，协作互助，形成合力，共同推进维护律师执业权利工作。

第九条　律师协会应当设立维护律师执业权利工作专项经费，专款专用。

第十条　律师协会维护律师执业权利工作，接受同级司法行政机关的监督、指导。

第二章　工 作 职 责

第十一条　中华全国律师协会维护律师执业权利工作主要职责：

（一）研究制定维护律师执业权利的有关行业规范；

（二）与司法部等有关机关建立健全维护律师执业权利的工作机制；

（三）提出完善和保障律师执业权利的立法建议、政策建议；

（四）负责办理司法部交办、督办，或者省、自治区、直辖市律师协会书面申请协调维护律师执业权利案件；

（五）协调跨省、自治区、直辖市维护律师执业权利工作；

（六）总结报告全国律师行业维护律师执业权利工作情况。

第十二条　省、自治区、直辖市律师协会维护律师执业权利工作主要职责：

（一）研究制定本区域维护律师执业权利的行业规范；

（二）与司法厅（局）等有关机关建立健全维护律师执业权利的工作机制；

（三）提出完善和保障律师执业权利的立法建议、政策建议；

（四）负责办理中华全国律师协会交办、督办，或者设区的市律师协会书面申请协调维护律师执业权利案件；

（五）协助办理异地律师维护执业权利案件；

（六）总结报告本省、自治区、直辖市律师行业维护律师执业权利工作情况。

第十三条 设区的市律师协会维护律师执业权利工作主要职责：

（一）负责所属律师维护执业权利案件的受理、调查、处置和反馈；

（二）与司法局等有关机关建立健全维护律师执业权利的工作机制；

（三）负责办理省、自治区、直辖市律师协会交办、督办的维护律师执业权利案件；

（四）提出完善和保障律师执业权利的立法建议、政策建议；

（五）协助办理异地律师维护律师执业权利案件；

（六）总结报告本地区律师行业维护律师执业权利工作情况。

第十四条 律师协会应当设立维护律师执业权利专门委员会，设立维护律师执业权利中心等专门工作机构。维权中心是律师协会维护律师执业权利委员会的日常工作机构，设在律师协会秘书处。

第十五条 维护律师执业权利委员会由具有八年以上执业经历和相关工作经验，或者具有律师行业管理经验，熟悉律师行业情况的人员组成。根据工作需要，可以聘请相关领域专家担任顾问。

维护律师执业权利委员会的主要职责：

（一）研究起草维护律师执业权利制度和建议；

（二）作出维护律师执业权利案件受理决定；

（三）组织开展调查核实工作，形成调查报告和处置意见；

（四）针对维护律师执业权利工作中存在的问题，开展调查研究，向有关机关提出意见、建议或者具体解决措施；

（五）呼吁、配合、协调有关机关及时解决侵害律师执业权利案件；

（六）依法为受到侵害律师执业权利的律师提供法律帮助和其他支持；

（七）建立情况通报制度，及时向律师协会、有关机关反映情况；

（八）定期召开维护律师执业权利委员会专门会议，总结交流工作经验，对具有典型的、普遍意义的案件进行研究，制定相应的工作措施。

第十六条 维护律师执业权利中心由维护律师执业权利委员会委员和具有相关工作经验，或具有律师行业管理经验，熟悉律师行业情况的人员组成。

维护律师执业权利中心的主要职责：

（一）参与起草维护律师执业权利相关规则和制度；

（二）接待维护律师执业权利申请；

（三）对维护律师执业权利申请进行初审，对于符合规定的申请提交维护律师执业权利委员会受理；

（四）负责向维护律师执业权利委员会转交上一级律师协会交办、督办的案件；

（五）负责向下一级律师协会转办、督办案件；

（六）负责与相关办案机关、司法行政机关和律师协会间的组织协调有关工作，参与维护律师执业权利案件调查、处置、反馈工作；

（七）对符合启动快速处置机制或者需要向联席会议报告的重要工作、案件，负责报告、沟通、协调工作；

（八）定期开展对维护律师执业权利工作的汇总、归档、通报和回访；

（九）研究起草维护律师执业权利工作报告；

（十）其他应当由维权中心办理的工作。

第十七条　律师协会维护律师执业权利专门机构及工作人员应当认真履行工作职责，遵循工作程序，遵守工作纪律。

第三章　申请和受理

第十八条　律师认为办案机关及其工作人员明显违反法律规定，阻碍律师依法履行辩护、代理职责，侵犯律师执业权利的，可以向办案机关或者其上一级机关投诉，向同级或者上一级人民检察院申诉、控告，向注册地的市级司法行政机关、所属设区的市律师协会申请维护执业权利。

律师向其他律师协会申请维护执业权利的，相关律师协会应当予以接待，并在24小时以内移交其所属的律师协会。情况紧急的，应当即时联系所属的律师协会，按本规则有关规定及时处置。律师事务所执业权利受到侵犯的，可以按上述途径维护执业权利。

第十九条　律师在执业过程中遇有以下情形，向所属的律师协会申请维护执业权利，律师协会应当受理：

（一）知情权、申请权、申诉权、控告权，以及会见、阅卷、收集证据和发问、质证、辩论、提出法律意见等合法执业权利受到限制、阻碍、侵害、剥夺的；

（二）受到侮辱、诽谤、威胁、报复、人身伤害的；

（三）在法庭审理过程中，被违反规定打断或者制止按程序发言的；

（四）被违反规定强行带出法庭的；

（五）被非法关押、扣留、拘禁或者以其他方式限制人身自由的；

（六）其他妨碍其依法履行辩护、代理职责，侵犯其执业权利的。

第二十条 律师在非执业过程中权利受到侵害的，或者对司法行政机关、律师协会依职权实施的行政管理、行业自律管理行为有异议的，不适用本规则。

第二十一条 与维护律师执业权利有直接关联的事实或者争议进入诉讼、仲裁程序或者其他法定救济机制，律师协会应当待相关程序或机制结束后，再行决定是否开展维护律师执业权利工作。

第二十二条 律师可以采用电话、信函、电子邮件、来访等方式，申请维护执业权利。

第二十三条 律师申请维护律师执业权利应当提交申请书、相关证据材料等书面材料。采用电话、电子邮件申请的，在受理后应当补交相关书面材料。

第二十四条 律师协会应当设立专门电话、专用邮箱和网上受理窗口等，畅通律师申请维护执业权利申请渠道。

第二十五条 维护律师执业权利中心接待律师维护执业权利申请，应当予以登记，记录申请人信息、申请事项、申请理由及所依据的事实等必要事项。必要时，接待人员可以录音、录像。

第二十六条 维护律师执业权利中心接到律师维护执业权利申请，或者司法行政机关、其他律师协会移交的申请后，应当即时进行初审，并提交维护律师执业权利委员会审查。对属于受理范围的，应当及时受理；对于不属于受理范围的，应当及时告知申请人并说明理由。

第二十七条 对已受理的维护律师执业权利申请，属于本律师协会处置范围的，律师协会应当于 2 个工作日以内将律师申请材料转交有关机关处理。情况紧急的，应当于 24 小时以内向有关机关反映；情况特别紧急，需要立即采取处理措施的，律师协会应当即时反映。

第二十八条 律师人身权利受到侵害，情况紧急，律师协会应当启动快速处置机制，切实保障律师人身安全，必要时可以申请有关机关对律师采取保护措施。

第二十九条　所属的律师协会接到异地执业律师维护执业权利申请后，应当根据不同情况，及时向行为发生地律师协会通报，请求予以协助。

第三十条　行为发生地律师协会接到所属的律师协会协助维护律师执业权利的请求后，应当给予协助，并按照工作程序和时限要求通报相关办案机关予以处理。

第三十一条　所属的律师协会认为案情重大、复杂，或者需要省级以上有关机关依法处置的，可以在调查核实情况的基础上，书面申请上一级律师协会协调开展维护律师执业权利工作。

第三十二条　律师协会获悉律师执业权利受到侵害的案件，可以直接启动维护律师执业权利工作程序，但律师明示不需要的除外。

第四章　调　　查

第三十三条　律师协会对已受理的维护执业权利申请应当及时组织调查核实，必要时，可委派 2 名以上维护律师执业权利委员会委员组成调查组进行调查。

发现侵犯律师执业权利行为与律师违法违规执业相互交织的，或者情况复杂、存在争议的，律师协会可以提请同级司法行政机关等有关机关组成联合调查组，及时准确查明事实。

第三十四条　调查人员应当及时、全面、客观、公正的调查核实有关情况。

第三十五条　调查工作完成后应当形成调查报告，提出处理意见和建议。

第三十六条　调查过程中，发现申请维护执业权利的律师涉嫌违法、违规执业行为的，应当及时转交律师协会惩戒机构处理。

第五章　处　　置

第三十七条　对经调查，发现存在侵害律师执业权利的，律师协会应当及时向有关机关提出依法纠正的书面建议。

有关机关对律师协会提出的书面建议不答复或者不纠正的，律师协会可以向其主管部门或者有监督权的部门反映情况。

第三十八条　律师协会在维护律师执业权利过程中遇到困难和问题，难以协调解决的，可以提请同级司法行政机关予以协调。

第三十九条 申请维护执业权利的律师，可以要求律师协会委派律师提供法律帮助。

对于人身自由受到限制，或者其他特殊原因不能自行维护执业权利的律师，律师协会应当委派律师依法为其提供法律帮助。

第四十条 维护律师执业权利委员会办理维护律师执业权利案件，应当向本级律师协会常务理事会或者理事会报告，对重大案件办理情况同时报上一级律师协会。

第四十一条 律师协会在维护律师执业权利过程中，可以根据调查处理的实际情况，适时发声、表达关注，公布阶段性调查结果或者工作进展情况。必要时应当及时向社会披露调查处理结果。

律师协会参与维护律师执业权利案件的工作人员及其他知悉情况的人员，不得擅自对外发布、透露维护律师执业权利案件情况。

第六章 反 馈

第四十二条 律师协会应当及时就维护律师执业权利工作开展情况和处理结果向申请人反馈。

第四十三条 律师协会应当就维护律师执业权利工作开展情况和处理结果，及时向有关机关反馈。

第四十四条 律师协会应当定期研究总结维护律师执业权利工作开展情况，根据需要，可以通过律师协会官方网站等平台予以通报。

第七章 工作机制

第四十五条 律师协会应当建立健全维护律师执业权利快速处置机制，做到及时受理、调查、处置、反馈。

第四十六条 律师协会应当充分发挥联席会议制度的作用，定期向有关机关通报维护律师执业权利的工作情况和信息，反映维护律师执业权利工作中的突出性、普遍性问题，提出意见和建议；定期会同有关机关开展联合调研督查，完善保障律师执业权利的制度。

第四十七条 律师协会应当充分发挥与司法行政机关等有关机关协调联动机制的作用，对侵害律师执业权利案件联合督办，共同处置。

第四十八条 律师协会应当建立完善维护律师执业权利工作信息统计报告

制度。

第四十九条　律师协会应当建立网络舆情快速应对机制，各律师协会之间、与同级司法行政机关之间互通信息，共同妥善处置。

第五十条　律师协会应当将律师执业风险防范纳入培训，规范律师执业行为。

第五十一条　律师协会应当加强对维护律师执业权利工作的宣传，对先进典型进行表彰。

4. 中华全国律师协会维护律师执业权利中心工作规则

（2017年11月21日）

第一章　总　　则

第一条　为规范中华全国律师协会维护律师执业权利中心（以下简称维权中心）工作，促进维权中心更好地发挥职能作用，根据有关规定，结合维权中心工作实际，制定本规则。

第二条　维权中心应当充分履行维护律师执业权利的法定职责，依法、规范、及时、有效地开展维护律师执业权利工作。

第三条　维权中心应当健全完善维权工作制度，完善工作机制，规范工作流程，畅通维权渠道，形成维权工作体系。

第二章　组织机构

第四条　维权中心是中华全国律师协会维护律师执业权利委员会的日常工作机构，设在中华全国律师协会秘书处。

第五条　维权中心由中华全国律师协会维护律师执业权利委员会委员和具有相关工作经验，或者具有律师行业管理经验，熟悉律师行业情况的人员组成。

第六条　维权中心实行主任负责制。设主任一名，由中华全国律师协会维护律师执业权利委员会主任兼任。副主任根据需要可设若干名。维权中心可以根据工作需要，聘请熟悉律师行业情况，具有丰富执业经验，关心律师事业发展，热心公益事业的15～20名律师及律师管理人员，作为专员负责协助办理维护律师执业权利工作。

第七条 维权中心的设置、调整和主任、副主任人选由中华全国律师协会常务理事会决定。维权中心成员数量不设上限。

第八条 维权中心主任有权决定就具体案(事)件提交中华全国律师协会维护律师执业权利委员会进行论证,确定有关工作方法和步骤。

第三章 工作职责

第九条 维权中心的工作职责:

(一)参与起草维护律师执业权利相关规则和制度;

(二)接待维护律师执业权利申请;

(三)对维护律师执业权利申请进行初审,对于符合规定的申请提交维护律师执业权利委员会受理;

(四)负责向维护律师执业权利委员会转交司法部或者其他部门交办、督办的案件;

(五)负责向下一级律师协会转办、督办案件;

(六)督促、协调不同省、自治区、直辖市律师协会维权中心的维护律师执业权利联动工作;

(七)负责与相关办案机关、司法行政机关和律师协会间的组织协调工作,参与维护律师执业权利案件调查、处理、反馈工作;

(八)对符合启动快速处置机制或者需要向联席会议报告的案件或重要工作,负责报告、沟通、协调;

(九)定期开展对维护律师执业权利工作的汇总、归档、通报和回访;

(十)研究起草维护律师执业权利工作报告;

(十一)积极开展维权工作的教育、培训、宣传工作,引导律师依法、依规、理性申请维权,通过法定救济渠道和行业组织反映问题和诉求;

(十二)其他应当由维权中心办理的工作。

第十条 维权中心获悉律师执业权利受到侵害的案件后,可以直接启动维权工作程序,但律师明示不需要的除外。

第十一条 维权中心应当安排专门人员负责接听申请维权电话、接收申请维权信件、整理网上申请维权信息和接待来访申请维权人员,保证工作时间内提交的申请能够及时处理。维权中心工作人员应当礼貌接待维权申请人,并严格按照规定妥善进行处理。

第十二条　维权中心通过网络舆情监控、成员或工作人员获悉等方式获得的有关律师和律师事务所执业权利受到侵害的信息,有权依职责和分工主动启动调查程序,依法依规进行处理。

第四章　工作规程

第一节　受案范围

第十三条　维权中心受理案件的条件包括:

(一)知情权、申请权、申诉权、控告权,以及会见、通信、阅卷、收集证据和发问、质证、辩论、提出法律意见等法律规定的律师执业权利受到限制、阻碍、侵害、剥夺的;

(二)因律师执业活动受到侮辱、诽谤、威胁、报复、人身伤害的;

(三)被违反规定强行带出法庭的;

(四)被非法关押、扣留、拘禁或者以其他方式限制人身自由的;

(五)其他妨碍其依法履行辩护、代理职责,侵犯其执业权利的。

第十四条　以下情形不予受理:

(一)律师在非执业过程中权利受到侵害的,或者对司法行政机关、律师协会依职权实施的行政管理、行业自律管理行为有异议的;

(二)与维护律师执业权利有直接关联的事实或者争议进入诉讼、仲裁程序或者其他法定救济机制。

对属于第一款(二)规定情形的,律师协会应当待相关程序或机制结束后,再行决定是否开展维护律师执业权利工作。

第二节　维权申请登记

第十五条　维权中心工作人员应当对来访、来电、来信(含邮件)等所有形式的维权申请,做好登记,登记可采用书面记录或电子记录方式。维权登记工作应当严格遵守及时、真实、完整、准确、规范的原则。

第十六条　书面登记应当包括以下内容:

(一)维权申请人姓名、执业证号、所在律师事务所、联系电话、通讯地址;

(二)侵权人相关信息;

(三)申请维权时间、侵权事由、维权要求;

(四)其他需要登记的内容。

第十七条 电子登记除应当包括书面登记全部信息外,还应当包括:

(一)案件编号;

(二)申请时间;

(三)申请方式;

(四)办理结果;

(五)其他情况。

第十八条 维权中心工作人员根据维权中心相关制度表格建立台账。台账应当定期分类整理、装订汇总和归档,确保台账数据账实相符,并经相关负责人审核签字后归档。

第三节 案件办理

第十九条 维权中心工作人员在接到维权申请后,应当及时进行审查。不属于受理范围的应当告知申请人,属于受理范围的,按照职责规定,进行转办、交办或者督办。对案情重大、疑难、复杂或申请人反复缠访的案件,由维权中心全体成员集体讨论决定处理方式。

第二十条 对直接来访申请维权的,中心工作人员应当认真作好笔录,听取维权申请人事由,收取维权申请书及相关证据材料并进行登记,就维权案件处理流程等解答申请人,对记录的主要内容须经申请人确认无误后签字或者盖章。

通过电话申请维权的,中心工作人员应当详细、准确记录维权申请人的姓名、执业证号、电话、来电时间、被侵权事由、侵权人及单位等信息,并告知维权申请人应当补交的书面材料。

通过信函申请维权的,属于受理范围的,中心工作人员应当作好收发登记、转办和保管等工作,若信函中无相关证据材料的,通过电话告知其应当提交的材料及维权中心地址、电话。

通过网络申请维权的,按申请人所属地及时将维权申请信息转交其所属的省(区、市)律师协会。省(区、市)律师协会应当及时按程序进行处理,并将处理情况和处理结果告知维权申请人,同时书面反馈全国律师协会维权中心。

第二十一条　对属于受理范围的维权申请，维权中心依职责按以下方式处理。

（一）转办。以调查核实函的形式及时转送维权申请人所属的省（区、市）律师协会和侵权行为发生地律师协会处理。在处理律师执业权利遇到困难和问题，或者遇到重大突发事件难以协调解决的，可以提请司法行政机关予以协调。

（二）交办。经维权中心主任审批，可以向下一级律师协会印发交办函，下一级律师协会应当在规定的期限内进行处理，并及时将处理结果以书面形式报送全国律师协会。

（三）督办。对重大、复杂、突发的维权案（事）件或者全国律师协会转办、交办的案（事）件，下一级律师协会未按要求及时处置或未按规定期限报送结果的，经中心主任审批，可以向下一级律师协会印发督办函，督促下一级律师协会办理。下一级律师协会应当在规定的期限内进行处理，并及时将处理结果以书面形式报送全国律师协会。

（四）查办。在全国有重大影响的案（事）件，或者全国律师协会维权委员会认为应当由全国律师协会维权委员会查办的案（事）件，维权中心做好登记后，由维权中心主任将案（事）件相关材料直接提交至维权委员会进行办理。

第二十二条　对于司法部交办、督办的维权案件，维权中心在接到案件后，应当及时向所属的省（区、市）律师协会印发调查核实函或督办函，要求及时调查了解情况，妥善处置并及时将处理结果以书面形式报送全国律师协会。必要时，维权中心可提交维护律师执业权利委员会依规进行处理。

第二十三条　经维权中心转至各省（区、市）律师协会负责调查处理的维权案件，各省（区、市）律师协会应当在结案后立即将处理结果及相关材料以书面形式报送至维权中心。

第五章　工 作 制 度

第二十四条　维权中心建立维权工作分级处理机制。

（一）对律师被限制人身自由、遭到报复、暴力殴打等严重侵害律师人身权、财产权的案件，在收到维权申请或了解突发情况时，第一时间紧急联系该律师所属省（区、市）律师协会进一步核实案件情况，同时将相关信息通报维权中心主任、主管副秘书长和秘书长；上报司法部主管领导和律师公证工作指导司相关负责人。根据司法部指示，具体协调处理相关维权工作。如果侵害行为未跨区域，该律师所属的省（区、市）律师协会和设区的市律师协会维权中心应当第一时间赴现场维权。如果侵害行为跨区域，所属的省（区、市）律师协会应当书面请求侵权地律师协会协助维权，并最迟于第二天赴现场维权。

（二）律师在开庭过程中被强行逐出法庭，在法庭内外受到侮辱、威胁的，申请维权律师涉嫌犯罪被采取强制措施的案件，在收到维权申请或了解情况时于当日联系该律师所在的省（区、市）律师协会进一步核实案件情况，同时将相关信息通报维权中心主任、主管副秘书长和秘书长；上报司法部主管领导和律师公证工作指导司相关负责人。根据司法部指示，具体协调处理相关维权工作。如果侵害行为未跨区域，该律师所属的省（区、市）律师协会和设区的市律师协会维权中心应当第一时间赴现场维权。如果侵害行为跨区域，所属的省（区、市）律师协会应当书面请求侵权地律师协会协助维权，并视情况严重程度决定是否赴侵权地维权。

（三）律师办理涉及国家安全，容易影响社会稳定等重大案件；媒体及网络舆情高度关注、造成不良社会影响的案件以及涉外案件等，在了解到相关侵权信息和网络重要舆情时要第一时间将相关信息报告主管副秘书长和秘书长，经秘书长指示后上报司法部主管领导和律师公证工作指导司相关负责人。如出现律师办理重大案件申请维权情况，维权中心应当在摸清情况的基础上，严格按照请示汇报制度，确定下一步推进措施。维权与惩戒交织的，分别予以处理。对重大舆情案（事）件快速响应，有维权申请的及时调查处理；没有申请的，应当启动主动调查程序，务必及时查清情况，解决问题，化解矛盾，回应关切，有效控制舆情蔓延。

（四）跨区域的律师辩护权、调查取证权、会见权、阅卷权、知情权、申请权、申诉权、控告权、通信权、发问、质证、辩论、提出法律意见等合法权利被侵害的案件，在接到维权申请后于当日联系该律师所属的省（区、市）律师协会和侵权地律师协会进一步核实案件情况，所属的省（区、市）律师协会应在两日内与侵权单位所在律师协会沟通联络、请求协助或发正式函件请求维权；未跨区域的，律师辩护权、调查取证权、会见权、阅卷权、知情权、申请权、申诉权、控告权、通信权、发问、质证、辩论、提出法律意见等合法权利被侵害的案件，在接到维权申请后于当日联系该律师所属的省（区、市）律师协会进一步核实案件情况，妥善处置维权申请。

第二十五条 维权中心建立对外发声机制。通过建立新闻发布制度，适时发布维权工作信息。对侵犯律师人身权的，要第一时间表达关注；对经调查核实，确实存在违反规定，侵犯律师执业权利的，要及时公布阶段性调查结果或者工作进展情况，敦促有关部门对侵害律师执业权利的行为及时予以纠正；对律师既有执业权利受到限制或侵害，同时自身也存在违规违纪行为的，既要公布维权调查处理结果，也要及时公布对律师违规违纪行为的处理结果；对经调查核实，不构成权利侵犯，律师有严重违规违纪甚至违法行为的，要及时向社会披露调查结果，并依法依规予以严惩。

第二十六条　维权中心严格实行轮值制度，每期由两名维权中心成员担任执委值班，与全国律师协会秘书处工作人员共同负责维权中心日常工作，每期 1 个月，到期后轮换。执委可以通过电话、微信等多种方式轮岗值班。执委实行首问负责制，在当值期内具体负责维权中心事务。

第二十七条　维权中心严格实行请示报告制度，对需要转办或复杂、重大、突发的案（事）件，应当及时请示当期执委，并按照执委的指示进行处理；对于重大事项的处置，执委认为有必要提交中心成员集体讨论决定的，由中心成员讨论决定，经维权中心主任或分管维权工作的副秘书长审批后实施；对于紧急突发事件，召开集体会议有困难的，可以通过电话、网络等方式请示报告。

第二十八条　维权中心严格实行月例会制度，由中心主任主持召开。

维权中心例会于每月月初召开，月例会的形式可以为现场会议、电话会议、微信工作群会议等。维权中心主任认为有必要召开临时例会的，可以召开临时例会。

维权中心成员须按时参加例会，无法参加者须通过邮件、微信等方式对例会研讨事项进行书面反馈，无故不参加例会且不反馈意见超过 3 次，视为主动放弃维权中心职务。

例会过程应当进行记录。在例会中形成的会议记录、决议等文件应及时整理归档。

第二十九条　执委负责起草当值月的维权工作月通报，对秘书处提供的各地维权中心运行数据进行实体分析，形成专业化的维权中心工作通报，当值月后十日内将月通报提交维权中心讨论。维权中心成员对工作通报进行评议，总结工作经验，提出积极有效的工作建议。评议工作应当于两个工作日内完成，并进行书面反馈。

第三十条　维权中心成员应当严格遵守工作纪律，对工作中各项决定及相关工作情况予以保密。

第三十一条　维权中心建立履职责任制。对律师协会秘书处人员不履职或者怠于履职的，律师协会应当依据组织原则、党纪要求等规定进行处理。对于维权中心成员不履职或者怠于履职的，应当按照有关规定撤销其职务并更换新的成员或委员。对各地律师协会维权中心不积极履职或贯彻落实相关决策决定不力的进行通报批评，并将通报批评的决定抄送同级司法行政机关。

5. 北京市律师执业规范（试行）
（摘录）

（2017 年 12 月 28 日）

第八章　委托代理关系的建立

第四十一条　［建立委托代理关系］

律师事务所应当与委托人就委托事项的范围、内容、权限、费用、期限等进行讨论，经协商达成一致后，签署委托代理协议。

第四十二条　［法律风险提示］

律师应当谨慎、诚实、客观地告知委托人拟委托事项可能出现的法律风险。

律师不应当单纯地为了建立委托关系而对委托人进行误导。

第四十三条　［委托禁止］

委托人拟委托事项或者要求属于法律或者律师执业规范所禁止时，律师应当告知委托人，并提出修改建议或者予以拒绝。

第四十四条　［利益冲突审查］

在接受委托之前，律师及其所属律师事务所应当进行利益冲突审查。只有在没有利益冲突的情况下才可以建立委托关系。

第四十五条　［避免利益冲突］

除遵守法律的相关规定外，由律师协会制订专门规则加以规定。

第四十六条　［收费原则］

律师费用的收取应当遵循公开公平、自愿有偿、诚实信用、委托人付费的原则。确定律师费应当考虑以下因素：

（一）耗费的工作时间；

（二）法律事务的难易程度；

（三）委托人的承受能力；

（四）律师可能承担的风险和责任；

（五）律师的社会信誉和工作水平等。

第四十七条 ［收费方式］

律师服务收费可以根据不同的服务内容，采取计件收费、按标的额比例收费、计时收费、风险代理收费等收费方式。

第四十八条 ［工作记录］

采用计时收费的，律师应当根据委托人的要求提供工作时间记录。

第四十九条 ［律师收费之外的费用］

下列费用应当由委托人另行支付：

（一）司法、行政、仲裁、鉴定、公证等部门收取的费用；

（二）合理的通讯费、复印费、翻译费、交通费、食宿费等；

（三）经委托人同意的专家论证费；

（四）委托人同意支付的其他费用。

第五十条 ［节约］

律师对需要由委托人承担的律师费以外的费用，应本着节俭的原则合理使用。

第九章 委托代理的基本要求

第五十一条 ［遵守法律］

律师应当充分运用自己的专业知识，根据法律的规定和委托协议的约定完成委托事项，维护委托人或者被代理人的合法利益。

第五十二条 ［选择方法的权利］

律师有权根据法律规定、专业判断和职业道德的标准，选择实现委托人目的的方法。

第五十三条 ［及时］

律师应当严格按照法律规定的期间、时效以及与委托人约定的时间，办理委托事项。

第五十四条 ［业务档案］

律师应当建立律师业务档案，保存完整的业务工作记录。

第五十五条 ［证据保管］

律师应当谨慎保管委托人提供的证据原件、原物、音像资料底版以及其他材料。

第五十六条 ［告知与答复］

律师应当及时告知委托人有关代理工作的情况，律师对委托人了解委托事项情况的要求，应当及时给予答复。

第五十七条 ［特别授权］

律师应当在授权范围内开展执业活动。如需特别授权，应当事先取得委托人的书面确认。

第五十八条 ［财产保管］

律师应当妥善保管与委托事项有关的财物，不得挪用或者侵占。

第五十九条 ［信息保密］

律师不得泄露与委托事项有关的保密信息。

第六十条 ［信息保密的例外1］

律师可以公开委托人授权同意披露的信息和已经他人公开的信息。不得违反规定披露、散布不公开审理案件的信息材料和在办案过程中获悉的有关案件重要信息、证据材料。

第六十一条 ［信息保密的例外2］

律师对在执业活动中知悉的委托人和其他人不愿泄露的情况和信息，应当予以保密。但是，委托人或者其他人准备或者正在实施的危害国家安全、公共安全以及其他严重危害他人人身、财产安全的犯罪事实和信息除外。

第六十二条 ［保密义务的延伸1］

律师代理工作结束后，仍有保密义务。

第六十三条 ［保密义务的延伸2］

律师事务所的其他律师及辅助人员对于了解到的委托事项的保密信息负有保密义务。

第十章 委托代理关系的终止

第六十四条 ［终止代理的情形1］

律师在办理委托事项过程中出现下列情况，律师事务所应终止委托关系：

（一）委托人提出终止委托协议的；

（二）律师受到吊销执业证书或者停止执业处罚的，经过协商，委托人不同意更换律师的；

（三）发现存在利益冲突，且不属于经委托人同意后可代理或继续承办的情形；

（四）律师的健康状况不适合继续履行委托协议的，经过协商，委托人不同意更换律师的；

（五）继续履行委托协议将违反法律、法规、规则或者律师执业规范的。

第六十五条　［终止代理的情形 2］

有下列情形之一，经提示委托人不纠正的，律师事务所可以解除委托协议：

（一）委托人利用律师提供的法律服务从事违法犯罪活动的；

（二）委托人要求律师完成无法实现或者不合理的目标的；

（三）委托人没有履行委托合同义务的；

（四）在事先无法预见的前提下，律师向委托人提供法律服务将会给律师带来不合理的费用负担，或给律师造成难以承受的、不合理的困难的；

（五）其他合法的理由的。

第六十六条　［利益影响］

终止代理，律师应当尽量减少对委托人利益的不利影响。

第六十七条　［通知］

终止代理，律师应当尽可能提前向委托人发出通知。

第六十八条　［费用处理 1］

律师事务所因合理原因终止委托代理协议的，有权收取已完成部分的费用。

第六十九条　［费用处理 2］

委托人因合理原因终止委托代理协议的，律师事务所有权收取已完成部分的费用。

第七十条　［费用处理 3］

委托人单方终止委托代理协议的，应按约定支付律师费。

第十一章　执 业 处 分

第七十一条　［执业处分——训诫］

违反律师执业规范，初次因过失违规或者违规情节显著轻微的，将受到训诫处分。训诫以口头或者书面方式实施。采取口头训诫的，应当制作笔录存档。

第七十二条 ［执业处分——警告］

违反律师执业规范但情节较轻的，将受到警告处分。警告以警告信的形式发出。警告处分做出后两年内，该律师再次受到处分时，均要考虑已受过警告处分的情况。

第七十三条 ［执业处分——通报批评］

违反律师执业规范，存在故意违规、违规情节较为严重或者经训诫、警告后再次违规的，将受到通报批评的处分。通报批评处分做出后任何时候，该律师再次受到处分时，均要考虑已受过通报批评处分的情况。

第七十四条 ［执业处分——公开谴责］

违反律师执业规范，存在故意违规、违规情节严重或者经训诫、警告、通报批评后再次违规的，将受到公开谴责的处分。公开谴责处分做出后任何时候，该律师再次受到处分时，均要考虑已受过公开谴责处分的情况。

第七十五条 ［执业处分——中止会员权利］

违反律师执业规范，违规情节严重且影响恶劣的，将受到一个月以上一年以下中止会员权利的处分。在中止会员权利期间，暂停会员享有律师协会章程规定的全部会员权利，但并不免除该会员的义务。

第七十六条 ［执业处分——取消会员资格］

违反律师执业规范，情节特别严重且影响恶劣，给委托人或律师事务所造成重大损失的，将受到取消会员资格的处分。

第七十七条 ［与行政处罚的衔接］

会员因违法执业被司法行政机关行政处罚的，应给予相应的行业处分。

第七十八条 ［建议处理］

对律师严重违反律师执业规范以及违法的行为可能由司法行政管理机关处罚或司法机关追究法律责任的，律师协会可做出提交相关机关处罚或追究法律责任的建议。

6.北京市律师协会权益保障委员会工作规则

（2018 年 09 月 26 日）

第一章　总　　则

第一条　为切实保障北京市律师执业权利，充分发挥律师维护当事人合法权益、维护法律正确实施、维护社会公平和正义的作用，促进司法公正，根据《中华人民共和国律师法》、《北京市律师协会章程》、《中华全国律师协会律师协会维护律师执业权利规则（试行）》和有关法律法规的规定，制定本规则。

第二条　北京市律师协会律师权益保障委员会是律师协会下属负责全市执业律师合法权益保障工作的调研、咨询、受理、调查、处理机构。

北京市律师协会律师权益保障委员会在律师协会理事会领导下开展工作。

第三条　北京市各级律师协会开展保障律师依法执业和维护律师合法权益的具体工作时适用本规则。

第四条　律师在非执业过程中权利受到侵害的，或者对司法行政机关、律师协会依职权实施的行政管理、行业自律管理行为有异议的，不适用本规则。

第五条　北京市各级律师协会应当设立维护律师执业权利工作专项经费，专款专用。

第六条　北京市各级律师协会开展维护律师执业权利工作，自觉接受司法行政机关的监督、指导。

第二章　工 作 机 构

第七条　北京市律师协会权益保障委员会是北京市律师协会维护律师执业权利的专门工作机构。北京市律师协会维权中心是北京市律师协会权益保障委员会的日常工作机构，设在北京市律师协会秘书处。北京市各区律师协会应当设立权益保障委员会和维护律师执业权利中心。

第八条　北京市律师协会权益保障委员会应当由具有八年以上执业经历和相关工作经验并熟悉律师行业情况的人员组成。根据工作需要，北京市市区两级律师协会可以聘请相关领域专家担任顾问。

第九条 北京市律师协会权益保障委员会设主任一人,副主任若干人,秘书长一人,副秘书长及委员若干人。主任、副主任由北京市律师协会会长会提名,理事会批准产生,任期至北京市律师协会下一届权益保障委员会成立之日,可以连任。

第十条 北京市律师协会维护律师执业权利中心由权益保障委员会委员和具有相关工作经验并熟悉律师行业情况的人员组成。

第三章 职责范围

第十一条 北京市律师协会律师权益保障委员会的主要工作职责:

(一)研究制定北京市维护律师执业权利的行业规范、实施细则及具体办法;

(二)向有关部门提出维护与保障律师合法执业权益的建议和意见;

(三)与北京市司法局等有关机关建立健全维护律师执业权利的工作机制;

(四)聘请有关专家参与律师执业权益保障工作;

(五)负责办理中华全国律师协会交办、督办案件;

(六)直接办理在北京市有重大影响的维护律师执业权利案件;

(七)办理北京市各区律师协会书面申请协调维护律师执业权利案件;

(八)办理外地省级律师协会请求协助的维护律师执业权利的案件;

(九)调研总结北京市律师行业维护律师执业权利工作情况;

(十)根据工作需要,组织安排北京市各区律师协会开展有关维护律师执业权利工作;

(十一)向北京市律师协会理事会报告律师权益保障工作情况,总结律师权益保障工作经验;

(十二)开展维护律师执业权利的其他工作。

第十二条 北京市各区律师协会维护律师执业权利工作的主要职责:

(一)负责本区所属律师维护执业权利案件的受理、调查、处理和反馈;

(二)与本区司法局等有关机关建立健全维护律师执业权利的工作机制;

(三)负责办理北京市律师协会交办、督办的维护律师执业权利案件;

(四)协助北京市律师协会办理外省市律师维护律师执业权利案件;

(五)根据北京市律师协会的统一安排,开展维护律师执业权利相关工作;

(六)向北京市律师协会和本区有关部门提出完善和保障律师执业权利的意

见建议；

（七）向北京市律师协会和有本区有关部门总结报告当地律师行业维护律师执业权利工作情况；

（八）开展维护律师执业权利的其他工作。

第十三条　北京市律师协会维护律师执业权利中心的主要职责：

（一）接待维护律师执业权利申请；

（二）对维护律师执业权利申请进行初审，对于符合规定的申请提交北京市律师协会权益保障委员会受理；

（三）负责向北京市各区律师协会移交北京市律师协会交办、督办的案件；

（四）负责与相关办案机关、司法行政机关和律师协会间的组织协调工作，参与维护律师执业权利案件调查、处理、反馈工作；

（五）对符合启动快速处置机制或者需要向联席会议报告的重要工作、案件，负责报告、沟通、协调工作；

（六）定期开展对维护律师执业权利工作的汇总、归档、通报和回访；

（七）研究起草维护律师执业权利工作报告；

（八）其他应当由维权中心办理的工作。

第十四条　北京市各区律师协会维护律师执业权利中心可参照本规则制定相应的工作职责。

第四章　申请和受理

第十五条　北京市执业律师认为本市有关机关、组织和人员违反法律规定，阻碍律师依法履行辩护、代理职责，侵犯律师执业权利的，可以向其所属的北京市各区律师协会申请维护执业权利，案情重大或情况紧急的可以直接向北京市律师协会申请维护执业权利。

第十六条　北京律师在外地依法履职期间，认为当地有关机关、组织和人员违反法律规定，阻碍律师依法履行辩护、代理职责，侵犯律师执业权利的，应当按本规则规定的途径进行维护执业权利。对情况紧急的，可以先向当地司法行政机关和律师协会申请维护执业权利。

第十七条　外地律师在北京市依法履职期间认为北京市有关机关、组织和人员违反法律规定，阻碍律师依法履行辩护、代理职责，侵犯律师执业权利的，向北京市各级律师协会申请维护执业权利的，北京市各级律师协会应当予以接待，并在24小时以内将其申请通过电子邮件、传真或邮寄等方式移交其所属的律师协会。情况紧急的，可以先采取电话、网络等形式即时联系所属的律师协会并做好记录，之后按《中华全国律师协会维护律师执业权利规则（试行）》和本规则有关规定及时移交和处理。

北京市各区律师协会维护律师执业权利中心接到外地律师上述维护律师执业权利申请的，应当及时向北京市律师协会维护律师执业权利中心报告。

第十八条 律师事务所执业权利受到侵犯的，可以按上述途径维护执业权利。

第十九条 北京律师在执业过程中遇有以下情形，应当向所属区律师协会申请维护执业权利，所属区律师协会应当受理：

（一）知情权、申请权、申诉权、控告权，以及会见、通信、阅卷、收集证据和发问、质证、辩论、提出法律意见等合法执业权利受到限制、阻碍、侵害、剥夺的；

（二）受到侮辱、诽谤、威胁、报复、人身伤害的；

（三）在法庭审理过程中，被违反规定打断或者制止按程序发言的；

（四）被违反规定强行带出法庭的；

（五）被非法关押、扣留、拘禁或者以其他方式限制人身自由的；

（六）其他妨碍律师依法履行辩护、代理职责，侵犯其执业权利的。

第二十条 对于案情特别重大、情况特别紧急、严重影响律师执业权利的，或者根据案件实际情况由北京市律师协会直接受理更为适宜的，北京市律师协会可以决定直接受理。

第二十一条 与维护律师执业权利有直接关联的事实或者争议进入诉讼、仲裁程序或者其他法定救济机制，各级律师协会应当待相关程序或机制结束后，再行决定是否开展维护律师执业权利工作。

第二十二条 律师可以采用电话、信函、电子邮件、来访等方式，申请维护执业权利。

第二十三条 律师申请维护律师执业权利应当提交申请书、相关证据材料等书面材料。申请书应当写明申请人信息和联系方式、申请事项、申请理由及所依据的事实等信息。采用电话、电子邮件申请的，在受理后申请人应当及时补交相关书面材料。因情况紧急、被限制人身自由等情况，可以电话口头申请或委托他人代为申请，在受理后申请人应当及时补交相关书面材料。

第二十四条　各级律师协会应当设立专门电话、专用邮箱和网上受理窗口等，畅通律师申请维护执业权利的申请渠道。

第二十五条　维护律师执业权利中心负责接待律师维护执业权利申请并予以登记，认真记录申请人信息、申请事项、申请理由及所依据的事实等必要事项。必要时，接待人员可以录音、录像。

第二十六条　维护律师执业权利中心接到律师维护执业权利申请，或者司法行政机关、其他律师协会移交的申请后，应当即时进行初审，并提交本级权益保障委员会审查。对属于受理范围的，应当及时受理；对于不属于受理范围的，应当及时告知申请人并说明理由。

第二十七条　对已受理的维护律师执业权利申请，属于本律师协会处理范围的，律师协会应当于2个工作日以内将律师申请材料转交有关机关处理。情况紧急的，应当于24小时以内向有关机关反映；情况特别紧急，需要立即采取处理措施的，律师协会应当即时反映。

第二十八条　律师人身权利受到侵害，情况紧急，律师协会应当启动快速处置机制，切实保障律师人身安全，必要时可以申请有关机关对律师采取保护措施。

第二十九条　各区律师协会接到异地执业律师维护执业权利申请后，应当根据不同情况，及时向行为发生地律师协会通报，请求予以协助。

第三十条　各区律师协会接到其他区律师协会协助维护律师执业权利的请求后，应当给予协助，并按照工作程序和时限要求通报相关办案机关予以处理。

第三十一条　各区律师协会接到外省市各级律师协会协助维护律师权利请求的，应当及时向北京市律师协会报备并提交有关材料。

第三十二条　各区律师协会认为案情重大、复杂，或者需要北京市市级以上有关机关、外省市省级以上有关机关依法处理的，可以在调查核实情况的基础上，书面申请北京市律师协会协调开展维护律师执业权利工作。

第三十三条　北京市各级律师协会获悉律师执业权利受到侵害的案件，可以直接启动维护律师执业权利工作程序，但律师明示不需要的除外。律师明示不需要律师协会维权的，各级律师协会应当做好记录并由律师签字确认。

第五章　调　查

第三十四条　北京市各级律师协会对已受理的维护执业权利申请应当及时

组织调查核实。必要时可委派2名以上权益保障委员会委员组成调查组进行调查。

第三十五条 北京市各级律师协会对已受理的维护执业权利申请案件,发现存在侵害律师执业权利行为与律师违法违规执业相互交织的,或者情况复杂、存在争议的,各级律师协会可以提请同级司法行政机关等有关机关组成联合调查组,及时准确查明事实。区律师协会与同级司法行政机关等有关机关组成联合调查组的,应当及时向北京市律师协会通报联合调查情况和结果。

第三十六条 调查人员应当及时、全面、客观、公正的调查核实有关情况。

第三十七条 调查人员可以采取以下措施开展调查工作:

(一)查阅、收集案件相关书面材料;

(二)询问提出申请维权的律师;

(三)询问申请维权的律师事务所主任或主要负责人;

(四)与案件相关人员进行谈话;

(五)向案件涉及的办案单位和办案人员了解情况;

(六)到行为发生地实地走访了解情况;

(七)其他依法可以采取的调查措施。

第三十八条 调查人员在调查过程中了解到的国家秘密、商业秘密、个人隐私以及办案秘密等信息,应当保密,对相关资料应当予以妥善保存。

第三十九条 调查工作完成后,经市律师协会权益保障委员会或区律师协会权益保障委员会讨论研究后,应当形成调查报告,提出处理意见和建议。

第四十条 调查过程中,发现申请维护执业权利的律师涉嫌违法、违规执业行为的,应当及时转交相应律师协会惩戒机构处理。

第六章 处 理

第四十一条 受理申请的北京市各级律师协会对经调查,发现存在侵害律师执业权利的,应当及时向有关机关提出依法纠正的书面建议,并要求其在一个月内给予答复。情况特别紧急的,可以要求有关机关及时予以答复或纠正。

区律师协会提出的书面建议应及时报送北京市律师协会备案。

第四十二条 有关机关对北京市各级律师协会提出的书面建议不答复或者不纠正的,各级律师协会可以将书面建议报送其主管部门或者有监督权的部门并反映情况。

第四十三条　北京市各级律师协会在维护律师执业权利过程中遇到困难和问题，难以协调解决的，可以提请同级司法行政机关予以协调。

第四十四条　申请维护执业权利的律师，可以要求受理申请的律师协会委派律师提供法律帮助。

对于人身自由受到限制，或者其他特殊原因不能自行维护执业权利的律师，受理申请的律师协会应当委派律师依法为其提供法律帮助。

第四十五条　各级权益保障委员会办理维护律师执业权利案件，应当向本级律师协会理事会报告。各区律师协会办理的重大、敏感案件情况同时报北京市律师协会。

第四十六条　北京市各级律师协会在维护律师执业权利过程中，可以根据调查处理的实际情况，适时发声、表达关注，公布阶段性调查结果或者工作进展情况。必要时应当及时向社会披露调查处理结果，但应当注意舆论引导，避免引发不良社会影响。

北京市各区律师协会拟向社会发布相关意见或公布案件调查结果、进展情况等案件信息的，应当事前征询北京市律师协会的意见。

第四十七条　各级律师协会参与维护律师执业权利案件的工作人员及其他知悉情况的人员，不得擅自对外发布、透露维护律师执业权利案件情况。

第七章　反　　馈

第四十八条　受理申请的律师协会应当及时就维护律师执业权利工作开展情况和处理结果向申请人反馈并做好记录。

第四十九条　北京市各级律师协会应当就维护律师执业权利工作开展情况和处理结果，及时向有关机关反馈。各区律师协会应当及时向北京市律师协会报备工作开展情况和处理结果。

第五十条　北京市律师协会应当就维护律师执业权利工作开展情况和处理结果，及时向中华全国律师协会报告。

第五十一条　北京市各级律师协会应当定期研究总结维护律师执业权利工作开展情况，根据需要，可以通过各级律师协会官方网站等平台予以通报。

第八章 工作机制

第五十二条 北京市各级律师协会应当建立健全维护律师执业权利快速处置机制,做到及时受理、调查、处理、反馈。

第五十三条 北京市各级律师协会应当充分发挥联席会议制度的作用,定期向同级司法行政机关、公安机关、检察机关和审判机关等单位通报维护律师执业权利的工作情况和信息,反映维护律师执业权利工作中的突出性、普遍性问题,提出意见和建议;定期会同上述机关开展联合调研督查,完善保障律师执业权利的制度。

第五十四条 北京市各级律师协会应当充分发挥与司法行政机关等有关机关协调联动机制的作用,对侵害律师执业权利案件联合督办,共同处置。

第五十五条 北京市各级律师协会应当建立完善维护律师执业权利工作信息统计报告制度。各区律师协会应当定期向北京市律师协会提交维护律师执业权利工作信息统计报告。

第五十六条 北京市各级律师协会应当建立网络舆情快速应对机制,北京市律师协会与各区律师协会之间、各区律师协会之间、各级律师协会与同级司法行政机关之间应当互通信息,共同妥善处置。

第五十七条 北京市各级律师协会应当将律师执业风险防范纳入培训活动,规范所属律师执业行为。

第五十八条 北京市各级律师协会应当加强对维护律师执业权利工作的宣传,定期对先进典型进行表彰。

第九章 附则

第五十九条 北京市各区律师协会可以根据本规则制定相应工作办法。

第六十条 本规则由北京市律师协会负责解释。

第六十一条 本规则经北京市律师协会理事会通过后,自 2018 年 9 月 26 日起试行。

7. 上海市律师协会律师执业行为规范(试行)(摘录)

(2011年03月05日)

第三章 律师业务推广中的行为规范

第一节 业务推广原则

第二十八条 律师和律师事务所推广律师业务,应当遵守平等、诚信原则,遵守律师职业道德和执业纪律,遵守法律服务市场及律师行业公认的行业准则,公平竞争,禁止行业不正当竞争行为。

第二十九条 律师和律师事务所应当通过努力提高自身综合素质、提高法律服务质量、加强自身业务竞争能力的途径,推广、开展律师业务。

第三十条 律师和律师事务所不能向中介人或者推荐人以许诺兑现任何物质利益或者非物质利益的方式,获得有偿提供法律服务的机会。

第二节 律师广告规范

第三十一条 律师广告是指律师和律师事务所为推广业务与获得委托,让公众知悉、了解律师个人和律师事务所法律服务业务而发布的信息及其行为过程。

律师广告应当遵守国家法律法规和本规范。

第三十二条 律师广告应当坚持真实、严谨、适度原则。律师和律师事务所不得利用广告对律师个人、律师事务所作出容易引人误解或者虚假的宣传。

第三十三条 律师和律师事务所发布的律师广告不得贬低其他律师或律师事务所及其服务。

第三十四条 律师和律师事务所不能以有悖于律师使命、有失律师形象的方式制作广告,不能采用一般商业广告的艺术夸张手段制作广告。

第三十五条 律师广告应当具有可识别性,应当能够使社会公众辨明是律师广告。

第三十六条 律师广告可以律师个人名义发布、也可以律师事务所名义发布。以律师个人名义发布的律师广告应当注明律师个人所在的执业机构名称。

第三十七条 发布律师广告的律师和律师事务所应当按照有关规定通过当年度年检注册,并且不在接受执业处分期间。

第三十八条 律师个人广告的内容应当限于律师的姓名、肖像、年龄、性别、出生地、学历、学位、专业职称、律师执业登记日期、所属律师事务所名称、在所属律师事务所的工作时间、收费标准、联系方法,以及依法能够向社会提供的法律服务业务范围。

第三十九条 律师事务所广告的内容应当限于律师事务所名称、办公地址、电话号码、传真号码、邮政编码、电子信箱、网址、所属律师协会、所辖执业律师及依法能够向社会提供的法律服务业务范围简介。

第四十条 登载律师广告的传媒应当限定于律师名片、信笺、信封、律师事务所招牌、电视、报纸、广播、杂志、电讯网络、电话簿以及经市律师协会认可的其他载体。

第三节 律师宣传规范

第四十一条 律师宣传是指通过公众传媒以消息、特写、专访等形式对律师和律师事务所进行报道、介绍的信息发布行为。

第四十二条 律师和律师事务所不得自己进行或授意、允许他人以宣传的形式发布律师广告。

第四十三条 律师和律师事务所不能进行歪曲事实或法律实质,或可能会使公众产生对律师不合理期望的宣传。

第四十四条 律师和律师事务所可以宣传所从事的某一专业法律服务领域,但不能自我声明或暗示其被公认或证明为某一专业领域的专家。

第四十五条 律师和律师事务所不能进行律师之间或律师事务所之间的比较宣传。

第四十六条 通过公众传媒以回复信函、自问自答等形式进行法律咨询的行为,亦应当符合有关律师宣传的规定。

第四章 律师与当事人关系中的行为规范

第一节 律师收费规范

第四十七条 律师和律师事务所应当根据国家行政管理部门、律师协会制定的相关规定合理收费。

第四十八条 律师收费应当考虑以下合理因素:

1. 从事该项法律服务所耗费的时间、包含的新意、需要的技巧和难度;

2. 接受这一聘请会明显妨碍律师开展其他工作的风险;

3. 同一区域相似法律服务通常所收取的费用;

4. 系争标的额和预期的合理结果;

5. 由当事人提出的或由客观环境所施加的法律服务时间限制;

6. 律师与当事人关系的性质以及交往时间的长短;

7. 提供这项服务的律师的经验、声誉、专业水平和能力;

8. 费用标准及支付方式是否固定,是否附有条件;

9. 其他合理因素。

第四十九条 以诉讼结果或其他法律服务结果作为律师收费依据的,该律师收费的支付数额及支付方式应当采用风险代理的形式。

第五十条 风险代理协议应当明确计付收费的法律服务内容、计付费用的标准、方式,包括和解、调解或审判不同结果对计付费用的影响,以及诉讼中的必要开支是否已经包含于风险代理酬金中等。

第五十一条 律师和律师事务所不能以任何理由和方式向赡养费、扶养费、抚养费案件中的请求赡养费、扶养费、抚养费的一方采用风险代理形式收取费用。

第五十二条 律师和律师事务所接受当事人的委托,应当在接受委托前签订委托代理合同,并在合同中约定收费标准、支付方法等收费事项。

第五十三条 律师不得私自收案、收费。当事人所支付的费用应当直接交由律师所在的律师事务所,律师不得直接向当事人收取费用。

第五十四条 律师不得索要或收取除依照规定收取的法律服务费用之外的额外报酬。

第五十五条 当事人委托律师代交费用的,律师应将代收的费用及时交付律师事务所。

第五十六条 律师事务所收取的法律服务费用,应当在计入会计账簿后才可以按规定项目和开支范围使用。律师与律师事务所不得挪用律师业务收费。

第五十七条 律师事务所可以向当事人收取办案经费,如交通费、赴外地调查、出庭的食宿费、复印材料的资料费等。律师应当合理、节俭地支出办案经费。

第二节 禁止非法牟取当事人的利益

第五十八条 律师和律师事务所不得利用提供法律服务的便利,非法牟取当事人的利益,不得利用执业便利牟取当事人与他人尚存争议的权益。

第五十九条 除依照相关规定收取法律服务费用之外,律师不得与当事人争议的权益产生经济上的联系,不得与当事人约定胜诉后将争议标的物出售给自己,不得委托他人为自己或为自己的亲属收购、租赁当事人与他人发生争议的诉讼标的物。

第六十条 律师不得与正在接受其所提供法律服务的当事人有商业往来,不得向当事人索取财物,不得获得其他不利于当事人的经济利益。

第六十一条 非经当事人同意,律师不得运用来自于向当事人提供法律服务时所得到的不利于当事人的信息牟取利益。

第三节 律师回避

第六十二条 拟接受当事人委托的律师已经明知诉讼相对方或利益冲突方已委聘的律师是自己的近亲属或其他利害关系人的,应当予以回避,但双方当事人签发豁免函的除外。

第六十三条 拟接受当事人委托的律师已经明知诉讼相对方或利益冲突方已委聘同一律师事务所其他律师的,应当予以回避,但双方当事人签发豁免函的除外。

第六十四条 律师在接受委托后才明知诉讼相对方或利益冲突方委聘的律师是自己的近亲属或其他利害关系人,则应当及时将这种关系明确告诉当事人。该当事人提出异议的,该律师应当予以回避。

第六十五条 律师在接受委托后才明知诉讼相对方或利益冲突方已委聘同一律师事务所其他律师的,则应当由双方律师协商解除一方的委托关系,协商不成的,应当由后签订委托合同的一方或尚没有支付律师费的一方解除委托关系。

第六十六条 曾经在前一法律事务中代理一方法律事务的律师,即使在解除或终止代理关系后,亦不能再接受与前任当事人具有利益冲突的相对方委托,办理相同法律事务,除非前任当事人作出书面同意。

第六十七条　曾经在前一法律事务中代理一方法律事务的律师，不得在以后相同或相似法律事务中运用来自该前一法律事务中不利前任当事人的相关信息，除非经该前任当事人许可，或者这些信息已为人所共知。

第六十八条　符合本规范第六十六条规定，接受双方当事人委托的律师如系同一律师事务所，受委托的律师应当独立进行执业活动，相互间不准披露对己方当事人不利的信息。

第六十九条　拟聘请律师的当事人，如是该律师从事律师职业之前曾以政府官员或司法人员、仲裁人员身份经办过的事务的当事人，并以同一事由提请委托的，该律师和其律师事务所应当回避。

第四节　禁止虚假承诺

第七十条　律师不得为谋取代理或辩护业务而向当事人作虚假承诺，接受委托后也不能不以证据和法律规定为依据作出承诺。

第七十一条　律师在接受刑事辩护委托后，应当依据事实和法律提出无罪、罪轻或从轻处罚的辩护意见；刑事辩护证据不足以否认有罪指控，或是不足以证明犯罪情节较轻，应当提出事实不清、证据不足辩护意见，不得没有任何依据地提出无罪的辩护意见。

第七十二条　在代理民事案件时，当证据尚不足以证明当事人争议的权益属于其本人时，律师不得承诺经其诉讼代理必然会争到权益。

第七十三条　律师在执业过程中应当根据当事人提供的事实和证据，依据法律规定对案件进行分析，向当事人提出预见性、分析性的结论意见时，应当注意避免虚假承诺。

第七十四条　律师依法辩护、代理案件提出的正确意见未被采纳，或因枉法裁判，使律师的预先分析意见没有实现，不能认为律师的意见是虚假承诺。

第五节　禁止提供非法的律师服务

第七十五条　律师不得在明知的情况下为当事人非法的、欺诈性的要求或行为提供服务和帮助。

第七十六条　律师不得在明知的情况下为当事人虽然不违法，但公众及社会道德标准认为不正当的要求或行为提供法律服务和帮助。

第七十七条 律师在接受委托后才知道当事人的要求或行为是违法的、不道德的，应当建议当事人主动纠正其错误行为，并及时中止委托协议。

第六节 拒绝辩护、代理或解除委托关系

第七十八条 律师接受委托后，无正当理由不得拒绝履行协议约定的职责，不得无故拒绝辩护或代理。

第七十九条 律师可以拒绝辩护、代理的事由有：

1. 当事人利用律师提供的法律服务从事犯罪活动的；

2. 当事人坚持追求律师认为无法实现的或不合理的目标的；

3. 当事人在相当程度上没有履行委托合同义务，并且已经合理催告的；

4. 向当事人提供的法律服务将会给律师带来不合理的费用负担，或给律师造成难以承受的、不合理的困难的；

5. 当事人提供的证据材料不具有客观真实性、关联性与合法性，或经司法机关审查认为存在伪证嫌疑的；

6. 其他合法的缘由。

第八十条 律师在接受委托后发生可以拒绝辩护或代理的情况，应当向当事人说明理由，促使委托人接受律师的劝告，纠正导致律师拒绝辩护或代理的事由。

第八十一条 在解除委托关系前，律师必须采取合理可行的措施保护当事人利益，如及时通知当事人，使其有充分时间再委聘其他律师、收回文件的原件以及返还提前支付的费用等。

第八十二条 在拒绝辩护、代理，解除委托关系后，律师可以保留与当事人有关的法律事务文件的复印件。

第七节 转 委 托

第八十三条 未经当事人同意，律师不得将当事人委托的法律事务转委托他人办理。

第八十四条 律师在接受委托后出现突患疾病、工作调动等情况，需要更换律师的，应当及时告知当事人。当事人同意更换律师的，律师之间要及时移交材料，并通过律师事务所办理相关手续。

第八十五条 非经当事人的同意，律师不能因为转委托而增加当事人的经济负担。

第八节 委托权限与忠诚于当事人

第八十六条 律师不得利用委托关系从事与受委托事务无关的活动。

第八十七条 接受委托后，律师只能在委托权限内开展执业活动，不得擅自超越委托权限。

第八十八条 律师接受委托时必须与当事人明确包括程序法和实体法两方面的委托权限。当事人不明确的，律师应给予解释。

第八十九条 律师在征得当事人同意后，可以与相对方当事人和他们的律师协商、调解或和解正在通过诉讼或仲裁处理的事务。

第九十条 律师在委托权限内完成了受委托的法律事务，应当及时告知当事人。律师与当事人解除委托关系后，律师不得再以被委托人的名义进行活动。

第九十一条 律师在进行委托的法律事务时，如发现当事人所授权限不能适应需要时，应及时告知当事人，但未经当事人同意或办理有关的授权委托手续之前，律师只能在授权范围办理法律事务。

第九十二条 律师不得从对方当事人处接受利益或向其要求约定利益。

第九十三条 律师不得在与当事人解除委托关系后，在同一案件中担任有利益冲突的相对方当事人的代理人。

第九十四条 在未征得当事人同意的情况下，律师不得同时接受对方当事人委托办理其他法律事务。

第九十五条 在事实、证据及法律法规没有发生实质性变化的情况下，同一律师在案件一审时形成的律师意见与在二审时的意见不应发生根本性的完全相反的变化。

第九十六条 律师对当事人的商业秘密、隐私，以及通过办理当事人的法律事务所了解的当事人的其他信息应当给予充分保密。但是律师认为保密可能会导致无法及时阻止发生人身伤亡等严重犯罪及可能导致国家利益受到严重损害的除外。

第九节 保管当事人财产

第九十七条 律师事务所受委托保管当事人财产时，应将当事人财产与律师事务所的财产严格分离。当事人的资金应保存在律师事务所所在地信用良好的金融机构的独立账号内，或保存在当事人指定的独立开设的银行账号内。

当事人其他财物的保管方法应当经其书面认可。

第九十八条 律师事务所受委托保管的当事人财产，根据当事人的要求交还后，委托保管协议及交还当事人的书面记录应当由律师事务所存档。

第九十九条 律师事务所受委托保管当事人或第三人不断交付的资金或者其他财产时，律师应当及时书面告知当事人，即使当事人出具书面声明免除律师的及时告知义务，律师仍然应当定期向委托人发出书面统计结果。

第五章 律师同行关系中的行为规范

第一节 尊重与合作

第一百条 律师和律师事务所不得阻挠或者拒绝当事人再委托其他律师和律师事务所参与同一事由的法律服务。

第一百零一条 就同一事由提供法律服务的律师之间应明确分工，相互协作，意见不一致时应当及时通报当事人决定。

第一百零二条 律师和律师事务所不应当为谋求当事人的聘用而在其面前贬低、损害其他同行的声誉，不得在公众场合及传媒上发表诋毁其他同行的言论。

第一百零三条 在庭审或谈判过程中律师应互相尊重，不得使用挖苦、讽刺或者侮辱性的语言。

第二节 禁止不正当竞争

第一百零四条 律师执业不正当竞争行为是指律师和律师事务所为了推广律师业务，违反自愿、平等、诚信原则和律师职业道德规范、执业纪律，违反法律服务市场及律师行业公认的行业准则，采用不正当手段与同行进行业务竞争，损害其他律师及律师事务所合法权益的行为。

第一百零五条 律师和律师事务所在广告或宣传中，不得采用下列不正当手段与同行进行业务竞争：

（一）对律师或律师事务所进行不符合实际的宣传；

（二）刊印有可能被认为利用律师兼有的其他身份影响所承办业务正常处理和司法公正审理的内容；

（三）与其他律师或律师事务所的法律服务质量和收费进行比较；

（四）声称或暗示自己是某一领域的专家；

（五）以任何有可能被认为有损于律师职业形象的方式及内容进行律师广告宣传。

第一百零六条 律师和律师事务所在与当事人及其他当事人接触中，不得采用下列不正当手段与同行进行业务竞争：

（一）故意诋毁、诽谤其他律师或律师事务所信誉、声誉；

（二）无正当理由，以在规定收费标准以下收费为条件吸引客户，或采用承诺给予客户回扣，馈赠金钱、财物方式争揽业务；

（三）故意在当事人与其代理律师之间制造纠纷；

（四）向当事人明示或暗示律师或律师事务所与司法机关、政府机关、社会团体及其工作人员具有特殊关系；

（五）就法律服务结果或司法诉讼的结果作出任何没有事实及法律根据的承诺；

（六）明示或暗示可以帮助当事人达到不正当目的，或以不正当的方式、手段达到当事人的目的。

第一百零七条 律师和律师事务所在与社会公众的接触中，不得采用下列不正当手段与同行进行业务竞争：

（一）承诺或采用给介绍人或委托方具体办事人员提取案件介绍费或其他好处的方式争揽业务；

（二）散布炫耀自己，贬低、排斥同行的言论。

第一百零八条 律师或律师事务所在与行政机关或行业管理部门接触中，不得采用下列不正当手段与同行进行业务竞争：

（一）借助行政机关或行业管理部门的权力，或通过与某机关、某部门、某行业对某一类的法律服务事务进行垄断的方式争揽业务；

（二）没有法律依据地要求行政机关超越行政职权，限定当事人接受其指定的律师或律师事务所提供的法律服务，限制其他律师正当的业务竞争。

第一百零九条 律师和律师事务所在与司法机关及司法人员接触中，不得采用下列不正当手段与同行进行业务竞争：

（一）利用律师兼有的其他身份影响所承办业务正常处理和审理；

（二）在司法机关内及附近200米范围内设立律师广告牌和其他宣传媒介；

（三）向司法机关和司法人员散发附带律师广告内容的物品。

第一百一十条 依照有关规定取得从事特定范围法律服务的执业律师和律师事务所不得采取下列不正当竞争的行为：

（一）限制当事人接受经过法定机构认可的其他律师或律师事务所提供法律服务；

（二）强制当事人接受其提供的或者由其指定的其他律师提供的法律服务；

（三）对抵制上述行为的当事人拒绝、中断、拖延、削减必要的法律服务或者滥收费用。

第一百一十一条 律师和律师事务所相互之间不得采用下列手段排挤竞争对手的公平竞争，损害当事人的利益或者社会公共利益：

（一）串通抬高或者压低收费；

（二）为低价收费，不正当获取其他律师和律师事务所收费报价或者其他提供法律服务的条件；

（三）非法泄露收费报价或者其他提供法律服务的条件等暂未公开的信息，损害所属律师工作机构合法权益。

第一百一十二条 律师和律师事务所不得擅自或非法使用社会特有名称或知名度较高的名称以及代表其名称的标志、图形文字、代号以混淆、误导当事人。

前款所称的社会特有名称或知名度较高的名称是指：

1. 具有较高社会知名度的高等法学院校名称；

2. 有关政党、国家行政机关、行业协会名称；

3. 为社会公众共知、具有较高知名度的非律师公众人物名称；

4. 知名律师以及律师事务所名称。

第一百一十三条 律师和律师事务所不得伪造或者冒用法律服务质量名优标志、荣誉称号。使用已获得的律师以及律师事务所法律服务质量名优标志、荣誉称号的应当注明获得时间。

第一百一十四条 政府及其所属部门超越行政职权，限制异地律师进入，或者限制本地律师流向异地，受到正当业务发展竞争限制的律师和律师事务所应当依法通过正当程序维护行业合法权益。

第六章　律师在诉讼与仲裁中的行为规范

第一节　调查取证规范

第一百一十五条　律师不得伪造证据，不能为了诉讼意图或目的，非法改变证据的内容、形式或属性。

第一百一十六条　律师在收集证据过程中，应当以客观求实的态度对待证据材料，不得以自己对案件相关人员的好恶选择证据，不得以自己的主观想象去改变证据原有的形态及内容。

第一百一十七条　律师不得威胁、利诱他人提供虚假证据；不得利用他人的隐私及违法行为，胁迫他人提供与实际情况不符的证据材料；不得利用物质或各种非物质利益引诱他人提供虚假证据。

第一百一十八条　律师不得向司法机关提交已明知是由他人提供的虚假证据。

第一百一十九条　律师在已了解事实真相的情况下，不得为获得支持当事人诉讼主张或否定对方诉讼主张的司法裁判而暗示当事人或有关人员出具无事实依据的证据。

第一百二十条　律师作为必要证人出庭作证的，不得再接受委托担任该案的辩护人或代理人出庭。

第二节　庭审仪表规范

第一百二十一条　律师担任辩护人、代理人参加法庭审理，必须按照中华全国律师协会的规定着律师袍，注重律师职业形象。

第一百二十二条　律师出庭服装应当保持洁净、平整、不破损。

第一百二十三条　在出庭时，男律师不留披肩长发，女律师不施浓妆，面容清洁，头发齐整，不佩戴过分醒目的首饰。

第三节　体态语态规范

第一百二十四条　律师的庭审发言用词应当文明、得体，表达意见应当选用规范语言，尽可能使用普通话。不得随意使用黑话、脏话或社会流行的切口话。

第一百二十五条　律师庭审发言时应当举止庄重大方，可以辅以必要的手势,避免过于强烈的形体动作。

第四节 谨慎司法评论

第一百二十六条 律师不得在公共场合或向传媒散布、提供与司法人员及仲裁人员的任职资格和品行有关的轻率言论。

第一百二十七条 在诉讼或仲裁案件终审前,承办律师不得通过传媒或在公开场合发布任何可能被合理地认为损害司法公正的言论。

第五节 尊重法庭与规范接触司法人员

第一百二十八条 律师应当遵守法庭、仲裁庭纪律,遵守出庭时间、举证时限、提交法律文书期限及其他程序性规定。

第一百二十九条 在开庭审理过程中,律师应当尊重法庭、仲裁庭,服从审判长、首席仲裁员主持,不能当庭评论(包括批评和颂扬)审判人员、仲裁人员言论。对于庭审中存在的问题,可以在休庭后向法官、仲裁员个人或其主管部门口头或书面提出。

第一百三十条 律师在执业过程中,因对事实真假、证据真伪及法律适用是否正确而与诉讼相对方意见不一的,或为了向案件承办人提交新证据的,可以与案件承办人在司法机关内指定的或司法人员认为合适的场所接触和交换意见。

第一百三十一条 律师不得以不正当动机在司法人员的住所、公共餐饮及娱乐场所与司法人员接触。

第一百三十二条 律师不得向司法机关和仲裁机构人员馈赠财物,更不得以许诺回报或提供其他便利(包括物质利益和非物质形态的利益)等方式,与承办案件的司法或仲裁人员进行交易。

第七章 律师与律师执业机构关系中的行为规范

第一百三十三条 律师事务所应当建立健全人事、财务、业务、收费等内部管理制度。

第一百三十四条 律师事务所应当与所内执业律师、其他工作人员签订聘用合同,并按期如实交纳事务所律师、其他工作人员的失业保险金、养老保险金、医疗社保金、住房公积金等社会保障费用。

第一百三十五条 律师应当在所属律师事务所的统一安排下开展律师业务。

第一百三十六条 律师不得私自接受委托承办法律事务，不得私自向委托人收取费用、额外报酬或财物。

第一百三十七条 律师不得拒绝或疏怠履行律师事务所或者有关国家机关、律师协会指派承担的法律援助和其他公益法律服务的义务。

第一百三十八条 律师不得同时在两个或两个以上的律师事务所执业。但在涉及专业领域的问题时律师事务所邀请另一律师事务所的律师参与办理，且双方以书面的形式约定法律后果由前者承担，并告知当事人的，不受此限。

第一百三十九条 律师变更执业机构的，应当按规定办理转所手续。

第一百四十条 转所后的律师，应当信守对原律师执业机构作出的保守商业秘密的承诺，不得为原律师执业机构的客户提供原所属执业机构正在提供的法律服务，不得损害原所属律师工作机构的其他利益。

第一百四十一条 接受转所律师的律师事务所应当在接受转所律师时注意排除不正当竞争因素，不得要求、纵容或协助转所律师从事有损于原执业机构利益的行为。

第一百四十二条 接受转所律师的律师事务所可以就该律师在原律师执业机构所接受的培训与教育给予原律师执业机构一定的经济补偿。

第八章 律师与律师行业管理或行政管理机构关系中的行为规范

第一百四十三条 律师和律师事务所应当遵守司法行政管理机构制定的有关律师管理的规定、律师协会制定的律师行业规范和准则。律师和律师事务所享有《上海市律师协会章程》规定的权利，承担《上海市律师协会章程》规定的义务。

第一百四十四条 律师和律师事务所应当办理入会登记手续和年度登记手续。

第一百四十五条 律师和律师事务所应当参加、完成律师协会或司法行政管理机构组织的律师业务学习及考核。

第一百四十六条 律师和律师事务所以个人或事务所名义参加国际性律师组织或者其他组织并成为会员的，应当提前报律师协会批准。律师以中国律师身份参加境外国际性组织的，应当报律师协会备案，在上述会议作交流发言的，其发言内容亦应当报律师协会备案。

第一百四十七条 律师和律师事务所应当在发生重大事件时及时向律师协会作出书面报告。前述重大事件包括但不限于律师或律师事务所因执业或非因执业成为民事被告或被确定为犯罪嫌疑人或受到行政相关调查、处罚。

第一百四十八条 律师和律师事务所应当参加律师协会组织的律师业务研究机构活动，完成律师业务研究机构布置的研究任务，参加律师协会布置的公益活动。

第一百四十九条 律师和律师事务所应当妥善处理律师执业中发生的各类纠纷，自觉接受律师协会及其相关机构的调解处理。

第一百五十条 律师和律师事务所应当认真履行律师协会就律师执业纠纷作出的裁决。

第一百五十一条 律师和律师事务所应当按时缴纳会费。

附录：律师协会维护执业权利中心及有关部门投诉联系方式

1. 中华全国律师协会维护律师执业权利中心

维权热线:010－84020228

维权邮箱:qglxwqzx@ acla. org. cn

维权网址:http://www. acla. org. cn/

地址:北京市东城区东四十条 24 号青蓝大厦 5 层

2. 北京市律师协会维权中心

维权电话:010－64515999

地址:北京市东城区安定门外西滨河路 18 号院首府大厦 5 号楼

3. 北京市朝阳区律师协会维权中心

维权电话:010－85859635

地址:北京市朝阳区八里庄北里 219 号商业楼二层 202 房(红领巾公园东侧 1872)

4. 北京市各机关投诉电话、地址

单位	地址	电话	邮编
北京市高级人民法院	朝阳区建国门南大街 10 号	85268122	100022
北京市第一中级人民法院	石景山区石景山路 16 号	68639038	100040
北京市第二中级人民法院	丰台区方庄路 10 号	67699933	100078
北京市第三中级人民法院	朝阳区来广营西路 81 号	84773022	100012
北京市第四中级人民法院	丰台区三顷地甲 3 号	89088509	100040
北京市人民检察院	东城区建国门北大街 9 号	58762000	100005
北京市人民检察院第一分院	石景山区石景山路 12 号	68662000	100040

续表

单位	地址	电话	邮编
北京市人民检察院第二分院	丰台区方庄紫芳路 18 号	67192000	100078
北京市人民检察院第三分院	朝阳区东三环南路 1 号	59907000	100022
北京市公安局	东城区前门东大街 9 号	85225050	100006
北京市司法局	通州区运河东大街 57 号	55578800	101101

5. 北京市朝阳区各机关投诉电话、地址

单位	地址	电话	邮编
北京市朝阳区人民法院	朝阳公园南路甲 2 号	85998125	100026
北京市朝阳区人民检察院	道家园 17 号	85998341 85998279	100025
北京市公安局朝阳分局	道家园 1 号	85953400	100020
北京市朝阳区司法局	团结湖北五条六里屯西里 5 号	65025495	100026

图书在版编目(CIP)数据

律师执业权益保障手册／李超峰，杨汉卿，高清会主编；北京市朝阳区律师协会编．--北京：法律出版社，2019

ISBN 978-7-5118-4440-8

Ⅰ．①律… Ⅱ．①李… ②杨… ③高… ④北… Ⅲ．①律师-权利-法律保护-中国-手册 Ⅳ．①D926.5-62

中国版本图书馆CIP数据核字(2019)第295704号

律师执业权益保障手册 LÜSHI ZHIYE QUANYI BAOZHANG SHOUCE	李超峰 杨汉卿 高清会 主编 北京市朝阳区律师协会 编	策划编辑 冯雨春 责任编辑 冯雨春 张 颖 装帧设计 李 瞻

出版 法律出版社
总发行 中国法律图书有限公司
经销 新华书店
印刷 天津嘉恒印务有限公司
责任校对 杨锦华
责任印制 吕亚莉

编辑统筹 法律应用出版分社
开本 710毫米×1000毫米 1/16
印张 14.75
字数 160千
版本 2019年12月第1版
印次 2019年12月第1次印刷

法律出版社／北京市丰台区莲花池西里7号(100073)
网址／www.lawpress.com.cn
投稿邮箱／info@lawpress.com.cn
举报维权邮箱／jbwq@lawpress.com.cn
销售热线／400-660-8393
咨询电话／010-63939796

中国法律图书有限公司／北京市丰台区莲花池西里7号(100073)
全国各地中法图分、子公司销售电话：
统一销售客服／400-660-8393/6393
第一法律书店／010-83938432/8433 西安分公司／029-85330678 重庆分公司／023-67453036
上海分公司／021-62071639/1636 深圳分公司／0755-83072995

书号：ISBN 978-7-5197-4440-8 **定价**：48.00元
(如有缺页或倒装，中国法律图书有限公司负责退换)